Ръководство за яхнии за овладяване на световните бавно приготвени деликатеси

D1795358

100 богати рецепти за всеки повод

Силвия Чанлиева

Опровержение

Информацията, съдържаща се в тази електронна книга, е предназначена за

служи като изчерпателна колекция от стратегии, за които авторът на тази електронна книга е направил проучване.

Само резюмета, стратегии, съвети и трикове препоръка от автора и четенето на тази електронна книга няма да гарантира, че нечии резултати ще отразяват точно резултатите на автора. Авторът на електронната книга е положил всички разумни усилия да предостави актуална и точна информация за читателите на електронната книга.

Авторът и неговите сътрудници няма да носят отговорност за неволни грешки или пропуски, които могат да бъдат открити. Материалът в електронната книга може да включва информация от трети страни. Материалите на трети страни включват мнения, изразени от техните собственици. Като такъв, авторът на електронната книга не поема отговорност за материали или мнения на трети страни. Дали поради развитието на интернет или непредвидените промени в политиката на компанията и насоките за редакционно представяне, това, което е заявено като факт по време на писането на това писмо, може да стане остаряло или неприложимо по-късно.

Електронната книга е защитена с авторски права © 2023 с всички права запазени.

СЪДЪРЖАНИЕ

ВЪВЕДЕНИЕ

Яхниите са обилно и успокояващо ястие, което се харесва от векове в много култури по света. Те обикновено се правят чрез задушаване на месо, зеленчуци и понякога зърна в ароматен бульон или сос. Яхниите са универсално ястие, което може да се персонализира според индивидуалните вкусове, с вариации, които включват различни видове месо или зеленчуци или дори морски дарове. Независимо дали предпочитате пикантно чили или класическа телешка яхния, яхниите са засищаща и засищаща храна, която е идеална за студено време или всеки път, когато сте в настроение за нещо топло и обилно.

СВИНСКИ ЯХНИИ

1. Брънзуик яхния

Прави: 8 ДО 10 порции

СЪСТАВКИ

6 чаши пилешки бульон

2 чаши дърпано свинско барбекю за бавно готвене

2 чаши нарязано пиле, варено

2 чаши замразени или сухи зърна лима

3 средно червени картофа, обелени и нарязани на кубчета

1 (14-унция) консерва нарязани на кубчета домати в доматен сок

1 голяма глава червен лук, нарязан на кубчета

1$\frac{1}{2}$ чаши замразени грах и моркови

1$\frac{1}{2}$ чаши замразена бамя

1 чаша замразена царевица

1 чаша хикори барбекю сос

3 скилидки чесън, смлени

2 супени лъжици сос Worcestershire

2$\frac{1}{2}$ чаени лъжички подправка сол

1 чаена лъжичка смлян черен пипер

$\frac{1}{2}$ чаена лъжичка смлян кимион

ИНСТРУКЦИИ

Добавете всички съставки в 6-литров съд за бавно готвене. Разбъркайте, докато всичко се смеси добре. Поставете капака на уреда за бавно готвене и намалете котлона.

Гответе 5 часа, след което сервирайте. Всички остатъци могат да се съхраняват в херметически затворен контейнер в хладилника до 5 дни.

2. Пикантна яхния от свинско и боб

СЪСТАВКИ

2 lbs свинска плешка без кост, нарязана на 1-инчови кубчета

2 консерви боб, отцедени и изплакнати

1 голяма глава лук, нарязана

4 скилидки чесън, смлени

2 чушки халапеньо, почистени и нарязани

1 ч. л. кимион

1 ч. л. чили на прах

1/2 ч. л. червен пипер

2 чаши пилешки бульон

1/4 чаша нарязан пресен кориандър

Сол и черен пипер на вкус

ИНСТРУКЦИИ

В голяма тенджера или холандска фурна загрейте малко масло на средно висока температура. Добавете свинското и гответе, докато покафенее от всички страни.

Добавете лука, чесъна и чушките халапеньо в тенджерата и гответе 2-3 минути или докато лукът омекне и стане полупрозрачен.

Добавете кимиона, чилито на прах и червения пипер в тенджерата и разбъркайте, за да се комбинират.

Добавете пилешкия бульон и боба в тенджерата и оставете да заври.

Намалете котлона до минимум и оставете да къкри за 1-2 часа или докато свинското омекне.

Разбъркайте нарязан кориандър и подправете със сол и черен пипер на вкус.

3. Яхния от свинско и зелено чили

СЪСТАВКИ

2 lbs свинска плешка, нарязана на 1-инчови кубчета
2 консерви нарязани зелени люти чушки
1 голяма глава лук, нарязана
4 скилидки чесън, смлени
2 чаши пилешки бульон
1 ч. л. кимион
1 ч. л. риган
1/2 ч. л. пушен червен пипер
Сол и черен пипер на вкус

ИНСТРУКЦИИ

В голяма тенджера или холандска фурна загрейте малко масло на средно висока температура. Добавете свинското и гответе, докато покафенее от всички страни.

Добавете лука, чесъна и зелените люти чушки в тенджерата и гответе 2-3 минути или докато лукът омекне и стане полупрозрачен.

Добавете кимиона, ригана и пушения червен пипер в тенджерата и разбъркайте, за да се комбинират.

Добавете пилешкия бульон в тенджерата и го оставете да заври.

Намалете котлона до минимум и оставете да къкри за 1-2 часа или докато свинското омекне.

Подправете със сол и черен пипер на вкус.

4. Яхния от свинско и ябълки

СЪСТАВКИ

2 lbs свинска плешка без кост, нарязана на 1-инчови кубчета
2 ябълки Granny Smith, обелени и нарязани
1 голяма глава лук, нарязана
4 скилидки чесън, смлени
2 чаши пилешки бульон
1 ч. л. мащерка
1 ч. л. розмарин
Сол и черен пипер на вкус

ИНСТРУКЦИИ

В голяма тенджера или холандска фурна загрейте малко масло на средно висока температура. Добавете свинското и гответе, докато покафенее от всички страни.

Добавете лука, чесъна и ябълките в тенджерата и гответе 2-3 минути или докато лукът омекне и стане полупрозрачен.
Добавете мащерката, розмарина и пилешкия бульон в тенджерата и оставете да заври.

Намалете котлона до минимум и оставете да къкри за 1-2 часа или докато свинското омекне.

Подправете със сол и черен пипер на вкус.

5. Яхния от свинско и хомин

СЪСТАВКИ

2 lbs свинска плешка, нарязана на 1-инчови кубчета
2 кутии хомин, отцедени и изплакнати
1 голяма глава лук, нарязана
4 скилидки чесън, смлени
2 чаши пилешки бульон
1 ч. л. кимион
1 ч. л. чили на прах
Сол и черен пипер на вкус

ИНСТРУКЦИИ

В голяма тенджера или холандска фурна загрейте малко масло на средно висока температура. Добавете свинското и гответе, докато покафенее от всички страни.

Добавете лука и чесъна в тенджерата и гответе 2-3 минути, или докато лукът омекне и стане полупрозрачен.
Добавете кимиона и чилито на прах в тенджерата и разбъркайте, за да се комбинират.

Добавете пилешкия бульон и мамалигата в тенджерата и ги оставете да заври.
Намалете котлона до минимум и оставете да къкри за 1-2 часа или докато свинското омекне.
Подправете със сол и черен пипер на вкус.

6. Яхния от свинско и сладки картофи

СЪСТАВКИ

2 lbs свинска плешка без кост, нарязана на 1-инчови кубчета
2 големи сладки картофа, обелени и нарязани
1 голяма глава лук, нарязана
4 скилидки чесън, смлени
2 чаши пилешки бульон
1 ч. л. канела
1/2 ч. л. индийско орехче
Сол и черен пипер на вкус

ИНСТРУКЦИИ

В голяма тенджера или холандска фурна загрейте малко масло на средно висока температура. Добавете свинското и гответе, докато покафенее от всички страни.

Добавете лука, чесъна и сладките картофи в тенджерата и гответе за 2-3 минути или докато лукът омекне и стане полупрозрачен.

Добавете канелата, индийското орехче и пилешкия бульон в тенджерата и оставете да заври.
Намалете котлона до минимум и оставете да къкри за 1-2 часа или докато свинското омекне.

Подправете със сол и черен пипер на вкус.

7. Яхния от свинско и черен боб

СЪСТАВКИ

2 lbs свинска плешка без кост, нарязана на 1-инчови кубчета
2 консерви черен боб, отцедени и изплакнати
1 голяма глава лук, нарязана
4 скилидки чесън, смлени
2 чаши пилешки бульон
1 ч. л. кимион
1 ч. л. чили на прах
Сол и черен пипер на вкус

ИНСТРУКЦИИ

В голяма тенджера или холандска фурна загрейте малко масло на средно висока температура. Добавете свинското и гответе, докато покафенее от всички страни.

Добавете лука и чесъна в тенджерата и гответе 2-3 минути, или докато лукът омекне и стане полупрозрачен.

Добавете кимиона и чилито на прах в тенджерата и разбъркайте, за да се комбинират.

Добавете пилешкия бульон и черния боб в тенджерата и ги оставете да заври.

Намалете котлона до минимум и оставете да къкри за 1-2 часа или докато свинското омекне.

Подправете със сол и черен пипер на вкус.

8. Яхния от свинско и зеленчуци

СЪСТАВКИ

2 lbs свинска плешка без кост, нарязана на 1-инчови кубчета
2 чаши нарязани смесени зеленчуци
1 голяма глава лук, нарязана
4 скилидки чесън, смлени
2 чаши пилешки бульон
1 ч. л. мащерка
1 ч. л. розмарин
Сол и черен пипер на вкус

ИНСТРУКЦИИ

В голяма тенджера или холандска фурна загрейте малко масло на средно висока температура. Добавете свинското и гответе, докато покафенее от всички страни.

Добавете лука, чесъна и смесените зеленчуци в тенджерата и гответе 2-3 минути или докато лукът омекне и стане полупрозрачен.

Добавете мащерката, розмарина и пилешкия бульон в тенджерата и оставете да заври.

Намалете котлона до минимум и оставете да къкри за 1-2 часа или докато свинското омекне и зеленчуците се сварят.

5. Подправете със сол и черен пипер на вкус.

9. Яхния от свинско и ябълков сайдер

СЪСТАВКИ

2 lbs свинска плешка без кост, нарязана на 1-инчови кубчета
2 чаши ябълков сайдер
2 големи ябълки, обелени и нарязани
1 голяма глава лук, нарязана
4 скилидки чесън, смлени
2 чаши пилешки бульон
1 ч. л. мащерка
Сол и черен пипер на вкус

ИНСТРУКЦИИ

В голяма тенджера или холандска фурна загрейте малко масло на средно висока температура. Добавете свинското и гответе, докато покафенее от всички страни.

Добавете лука, чесъна и ябълките в тенджерата и гответе 2-3 минути или докато лукът омекне и стане полупрозрачен.

Добавете мащерката, ябълковия сайдер и пилешкия бульон в тенджерата и ги оставете да заври.
Намалете котлона до минимум и оставете да къкри за 1-2 часа или докато свинското омекне.

Подправете със сол и черен пипер на вкус.GX

10. Пикантна свинска яхния

СЪСТАВКИ

2 lbs свинска плешка без кост, нарязана на 1-инчови кубчета
1 консерва домати на кубчета
1 голяма глава лук, нарязана
4 скилидки чесън, смлени
2 чаши пилешки бульон
2 супени лъжици доматено пюре
1 супена лъжица чили на прах
1 ч. л. кимион
Сол и черен пипер на вкус

ИНСТРУКЦИИ

В голяма тенджера или холандска фурна загрейте малко масло на средно висока температура. Добавете свинското и гответе, докато покафенее от всички страни.

Добавете лука и чесъна в тенджерата и гответе 2-3 минути, или докато лукът омекне и стане полупрозрачен.

Добавете чилито на прах и кимиона в тенджерата и разбъркайте, за да се комбинират.

Добавете нарязаните на кубчета домати, доматеното пюре и пилешкия бульон в тенджерата и оставете да заври.

Намалете котлона до минимум и оставете да къкри за 1-2 часа или докато свинското омекне.

Подправете със сол и черен пипер на вкус.

11. Яхния от свинско и леща

СЪСТАВКИ

2 lbs свинска плешка без кост, нарязана на 1-инчови кубчета
2 чаши сушена леща, изплакната и отцедена
1 голяма глава лук, нарязана
4 скилидки чесън, смлени
2 чаши пилешки бульон
1 ч. л. мащерка
1 ч. л. пушен червен пипер
Сол и черен пипер на вкус

ИНСТРУКЦИИ

В голяма тенджера или холандска фурна загрейте малко масло на средно висока температура. Добавете свинското и гответе, докато покафенее от всички страни.

Добавете лука и чесъна в тенджерата и гответе 2-3 минути, или докато лукът омекне и стане полупрозрачен.

Добавете мащерката, пушения червен пипер, лещата и пилешкия бульон в тенджерата и оставете да заври.

Намалете котлона и оставете да къкри 1-2 часа или докато свинското омекне и лещата се свари.

Подправете със сол и черен пипер на вкус.

ТЕЛЕШКИ И АГНЕШКИ ЯХНИИ

12. Яхния от волски опашки

Прави: 6 ДО 8 порции

СЪСТАВКИ

$\frac{1}{2}$ чаша универсално брашно

$3\frac{1}{2}$ чаени лъжички подправка сол

2 супени лъжици червен пипер

$\frac{1}{2}$ чаена лъжичка смлян черен пипер

4 паунда волски опашки, подрязани тлъстини

$\frac{1}{4}$ чаша растително масло

1 голяма глава жълт лук, наситнен

1 (14,5-унция) консерва нарязани на кубчета домати

4 скилидки чесън

3 стръка прясна мащерка

3 дафинови листа

1 (6-унция) консерва доматено пюре

1 литър (32 унции) телешки бульон

1 килограм бейби моркови

$1\frac{1}{2}$ паунда малки червени картофи, нарязани

ИНСТРУКЦИИ

Вземете голяма торба за фризер с цип и добавете брашното, подправката сол, червения пипер и черния пипер. Разклатете торбата, за да се уверите, че всичко е добре включено. Започнете да добавяте волските опашки една по една и разклащайте торбата, за да ги покриете. След като волските опашки са покрити, поставете ги в чиния или лист за печене.

В голям тиган на среден огън налейте растителното масло. След като маслото е горещо, започнете да добавяте волските опашки. Запържете всички повърхности на волските опашки, около 3 минути от всяка страна, след това извадете от тигана и ги поставете в 6-литрова тенджера за бавно готвене.

Хвърлете лука в тигана и гответе, докато омекне. Добавете към уреда за бавно готвене с волските опашки, заедно с доматите, чесъна, мащерката и дафиновите листа.

В голяма купа смесете доматеното пюре и телешкия бульон и разбъркайте, докато се смесят добре. Изсипете тази смес в уреда за бавно готвене, поставете го на ниска степен и гответе 6 часа.

Добавете морковите и картофите, разбъркайте и гответе още 2 часа. След това сервирайте и се насладете!

13. Яхния от Гвиана

Прави: 6 порции

СЪСТАВКИ

- 2 килограма краве крак, нарязани на парчета
- 2 супени лъжици кошер сол, разделени на три части
- 6 средни скилидки чесън, смлени на ситно
- 4 пресни люти чушки
- 2 $\frac{1}{2}$ чаени лъжички пилешки бульон, разделен на четири посоки
- 1 фунт волска опашка с разделени стави
- 1 килограм говеждо месо с кости, нарязано на парчета
- 1 $\frac{1}{4}$ чаши касареп, разделени на четири части
- 21 стръка прясна мащерка, разделени на три посоки
- 24 цели скилидки, разделени на три посоки
- 3 пръчици канела, разделени на три посоки
- 2 супени лъжици светлокафява захар
- 2 копчета пресен джинджифил, обелен и настърган
- $\frac{1}{2}$ цяло индийско орехче, настъргано
- 1 лента портокалова кора

ИНСТРУКЦИИ

a) Посолете и добавете пилешкия бульон към кравешкия крак.

b) Комбинирайте кравешки крак, касарип, мащерка, цял карамфил, пръчка канела и 4 чаши вода в тенджера под налягане. Гответе под налягане за един час.

c) Изсипете течностите за готвене и кравешкия крак в холандска фурна. Поставете настрана.

d) Овкусете волската опашка с пилешкия бульон и сол.

e) В същата тенджера под налягане добавете волските опашки с касарипа, мащерката, цели скилидки, пръчка канела и 2 чаши вода. Гответе под налягане за 30 минути.

f) Прехвърлете сварените волски опашки и тяхната течност за готвене в тенджера с краве крака.

g) Добавете сол и $\frac{1}{2}$ ч.л. пилешки бульон към телешки чук.

h) Комбинирайте говеждото месо, касарипа, мащерката, цели скилидки, пръчка канела и 3 чаши вода в същата тенджера под налягане.

i) Гответе под налягане за тридесет минути.

j) Прехвърлете сготвеното говеждо месо и течността за готвене в тенджерата с кравешкия крак и волските опашки.

k) Добавете смлян чесън, чушки wiri wiri, кафява захар, настърган джинджифил, индийско орехче, портокалова кора и останалата $\frac{1}{4}$ чаша касарип и 1 чаена лъжичка пилешки бульон в тенджерата и разбъркайте добре.

l) Оставете да къкри 15 минути.

m) Отстранете от котлона, след това отстранете мазнината от повърхността.

n)Сервирайте с хляб.

14. Пуерториканска телешка яхния

Прави: 1 порция

СЪСТАВКИ
- 3 супени лъжици растително масло
- $1\frac{1}{2}$ паунда Задушено говеждо, нарязано на хапки
- 4 стръка прясна мащерка
- 3 моркова, нарязани
- $\frac{1}{2}$ килограм зелен фасул, подрязан, наполовина
- 4 дафинови листа
- 1 лук, нарязан
- 3 скилидки чесън, нарязани
- 1 супена лъжица наситнен пресен магданоз
- 2 супени лъжици универсално брашно
- Две кутии от $14\frac{1}{2}$-унции телешки бульон
- 2 чаши сухо червено вино
- 4 картофа, нарязани по дължина на четвъртинки
- Нарязан пресен магданоз

ИНСТРУКЦИИ
a) В голяма, тежка тенджера загрейте олиото на силен огън.

b) Запържете говеждото на порции. Заделени.

c) Разбъркайте лука и чесъна и гответе пет минути.

d) Добавете брашното, магданоза, мащерката и дафиновите листа.

e) Бъркайте 2 минути.

f) Добавете постепенно виното и бульона.

g) Оставете сместа да заври, след което добавете говеждото обратно в тенджерата.

h) Намалете котлона до средно ниско, покрийте съда и оставете да къкри 45 минути.

i) Добавете картофите и морковите.

j) Варете около 30 минути, като периодично разбърквате, докато месото и зеленчуците се сварят.

k) Добавете зеления фасул и варете 10 минути, или докато бобът се свари и сосът леко се сгъсти.

l) Сервирайте гарнирано с магданоз.

15. Пикантна агнешка яхния с дайкон

СЪСТАВКИ

- 2 килограма агнешко месо, нарязано на 2-инчови парчета
- 3 супени лъжици зехтин екстра върджин
- 5 скилидки чесън, обелени и счукани
- 2 тайландски люти чушки, нарязани
- $\frac{1}{2}$ унция пресен корен от джинджифил, нарязан
- $\frac{1}{4}$ чаша вино Shaoxing или шери
- 3 супени лъжици тъмен соев сос
- 2 супени лъжици лек соев сос
- 1 чаша бульон от пилешки кости
- 1 супена лъжица кафява захар
- 2 супени лъжици смлян кимион
- 3 цели звездовидни анасона
- 12 унции дайкон, обелен и нарязан на кубчета
- 3 супени лъжици царевично нишесте
- Нарязан зелен лук за украса

ИНСТРУКЦИИ

a) В голяма тенджера покрийте агнешкото с вода и оставете да заври, около 5 минути. Изцедете и изплакнете, за да почистите. Заделени.

b) Изплакнете същата тенджера и я изсушете напълно или използвайте голяма холандска фурна. Загрейте зехтина на среден огън за около 2 минути; добавете чесън, чили и джинджифил. Запържете за минутата или докато се появи аромат.

c) Добавете агнешко в холандската фурна; гответе 5 минути, като разбърквате често.

d) Добавете вино Shaoxing или шери, последвано от тъмен соев сос, светъл соев сос, бульон от пилешки кости, кафява захар и смлян кимион. Пуснете звездовиден анасон в тигана и превключете на висока температура. Покрийте и оставете да заври. Намалете котлона до минимум, оставете да къкри за $1\frac{1}{2}$ часа.

e) 45 минути преди да приключи готвенето, добавете дайкон към агнешкото, разбъркайте, за да се покрие със соса и продължете да къкри до готовност.

f) Разтворете царевичното нишесте в $\frac{1}{4}$ чаша студена вода и разбъркайте в агнешкото задушено. След като яхнията се сгъсти, изключете котлона.

g) Гарнирайте със зелен лук и сервирайте върху ориз или картофено пюре.

16. Телешки борш в шанхайски стил за бавно готвене

СЪСТАВКИ

- 2 супени лъжици зехтин
- 2 чаши говежди костен бульон (1 кашон)
- 2 супени лъжици масло
- 1 (6-oz) консерва доматено пюре
- $\frac{1}{4}$ чаша универсално брашно
- 1 (14,5-унция) консерва нарязани на кубчета домати
- 1 средно голяма глава лук, нарязана
- 1 дафинов лист
- 1 килограм телешко задушено месо
- 1 чаена лъжичка сол
- 2 стръка целина, нарязани
- 2 супени лъжици кафява захар
- 1 чаша моркови, нарязани
- $\frac{1}{2}$ чаена лъжичка смлян черен пипер
- 1 голям червен картоф, нарязан на кубчета
- 3 чаши зелено зеле, нарязано на ситно
- 4 скилидки чесън, смлени
- Нарязан пресен босилек за гарнитура

ИНСТРУКЦИИ

a) Направете ру, като разтопите масло със зехтин на среден огън в тиган. След като маслото се разтопи напълно, намалете котлона до минимум, добавете брашно; разбърквайте непрекъснато, докато сместа се смеси и стане гладка.

b) Добавете лука в руто; увеличете топлината до средно висока. Разбъркайте, докато лукът се покрие добре и ароматизира; прехвърлете сместа в уреда за бавно готвене.

c) Поставете всички останали съставки с изключение на зелето в бавната готварска печка. Разбъркайте добре, покрийте и гответе на ниска температура за 8 часа.

d) Добавете зеле, превключете уреда за бавно готвене на висока степен. Гответе още 30 минути или докато зелето омекне.

e) Опитайте на вкус и добавете още сол или захар, ако желаете. Ястие, гарнирайте с босилек и сервирайте с любимия си хляб.

17. Телешка яхния с бяла полента

Прави: 9 порции

СЪСТАВКИ
- 2 килограма постно телешко задушено месо
- 2 супени лъжици зехтин
- 3 скилидки чесън, смлени
- 2 чаши нарязани моркови, (3/4-инча)
- 1½ чаши замразен перлен лук
- ¼ чаша нарязан пресен плосък магданоз
- ½ чаена лъжичка изсушен цял босилек
- ¼ чаена лъжичка сол
- ¼ чаена лъжичка пипер
- 2 чаши сухо червено вино
- 1 чаша консервирани смачкани домати
- 10½ унции пилешки бульон с ниско съдържание на натрий (1 кутия)
- 2 дафинови листа
- 4 чаши Разполовени пресни гъби
- 2 супени лъжици царевично нишесте
- 1 чаена чаша вода
- Бяла полента
- 3 супени лъжици настърган пармезан
- Магданоз с плосък лист (по желание)
- 1½ чаши полента
- ¾ чаена лъжичка сол
- 5 чаши вода
- 1 скилидка чесън, счукана

ИНСТРУКЦИИ

a)Отрежете мазнината от телешкото. Нарежете телешкото на 1-$\frac{1}{2}$-инчови кубчета.

b)Загрейте маслото в голяма холандска фурна на средно висока температура. Добавете телешко и чесън; гответе 5 минути или докато телешкото месо загуби розовия си цвят. Добавете моркова и следващите 9 съставки ; оставете да заври.

c)Покрийте, намалете топлината и оставете да къкри за 1 час и 15 минути.

d)Добавете гъбите и гответе без капак 45 минути или докато телешкото омекне.

e)Комбинирайте царевично нишесте и вода; добавете към яхнията. Гответе 2 минути или докато леко се сгъсти, като бъркате непрекъснато. Изхвърлете дафиновите листа.

f)Налейте бяла полента в отделни купички за паста; отгоре с яхния. Поръсете със сирене.

ЗА БЯЛА ПОЛЕНТА:

g)Комбинирайте полентата и солта в голяма тенджера. Постепенно добавете водата и чесъна, като бъркате непрекъснато с телена бъркалка. Оставете да заври; намалете топлината до средно ниска.

h)Гответе без капак 15 минути или докато се сгъсти, като разбърквате често.

18. Мексиканска супа от говеждо и сладък картофен бульон

СЪСТАВКИ

- 1 супена лъжица рафинирано масло от авокадо или зехтин
- 1-килограм постно задушено говеждо месо
- 1 чаена лъжичка кошер сол
- 1 чаша нарязан лук
- 1 чаена лъжичка смлян чесън
- 1 чаша нарязан сладък пипер
- 2 чаши сладки картофи, обелени и нарязани
- 1 чаена лъжичка чили на прах
- 1 чаена лъжичка сух риган
- 1 чаена лъжичка смлян кимион
- 14 унции червена салса
- Пилешки бульон, 2 чаши
- 2 супени лъжици сок от лайм
- ⅓ чаша нарязан кориандър
- Кошерна сол на вкус
- Смлян черен пипер на вкус

ИНСТРУКЦИИ

a) Загрейте голям чугунен тиган на силен огън.

b) Добавете задушеното говеждо месо и поръсете със сол. Разбъркайте говеждото докато покафенее, 5 минути. С решетъчна лъжица извадете месото и го прехвърлете в чиния. Заделени.

c) Поставете лука, чесъна и чушката в тигана на средно силен огън, като разбърквате от време на време, докато лукът и чесънът се ухаят, а чушките омекнат или около 5 минути.

d) Добавете сладкия картоф, чилито на прах, ригана, кимиона, бульона и салсата. Разбъркайте старателно. Оставете да заври. След това покрийте и оставете да къкри за 30 минути или докато сладките картофи омекнат като вилица.

e) Разбъркайте сок от лайм, кориандър, сол и черен пипер. Оставете да се загрее на слаб огън, около 4 минути.

f) Разсипете бульонната супа в подготвени буркани, пинти или литри, оставяйки 1 инч свободно пространство.

g) Запечатайте с капаци от 2 части, за да се стегнат с пръст.

h) Обработете бурканите в предварително загрята консерва под налягане за 40 минути.

i) Когато Времето за обработка: приключи, изключете котлона и оставете контейнера да достигне естествена стайна температура.

j) Когато се охладят, извадете бурканите от консервната кутия и проверете уплътненията.

19. Задушено говеждо яхния с червено вино

Прави: 6 до 8

СЪСТАВКИ

- 5 паунда обезкостено говеждо къси ребра или задушено говеждо, нарязано на 1½-инчови кубчета
- Кошерна сол и прясно смлян черен пипер
- ½ чаша универсално брашно
- 1 малка връзка мащерка
- 3 сушени дафинови листа
- Екстра върджин зехтин
- 1 глава чесън, нарязана на скилидки, обелена и нарязана на ситно
- 2 праз лука, нарязани на тънки полумесеци и почистени
- 3 стръка целина, нарязани на 1-инчови филийки; ¼ чаша листа от целина, запазени за гарнитура
- 2 чаши перлен лук, обелен
- 1 (6-унция) консерва доматено пюре
- 1 (750 мл) бутилка червено вино (като каберне совиньон, зинфандел или сира)
- 2 литра телешки бульон, плюс още, ако е необходимо
- 1½ килограма моркови, обелени и нарязани на големи кубчета
- ¼ чаша (½ пръчка) несолено масло
- 1 килограм кремини гъби, подрязани, нарязани на четвъртинки, ако са големи
- 1 супена лъжица червен винен оцет

● Класическо картофено пюре, за сервиране (по желание)

ИНСТРУКЦИИ

a) Пригответе говеждото и билките. Подсушете говеждото с хартиени кърпи. Подправете от всички страни с 1 супена лъжица сол и ½ чаена лъжичка черен пипер. Поставете брашното в голяма купа. Добавете месото и го разбъркайте. Прехвърлете месото в цедка с фини отвори и отстранете излишното брашно. Прехвърлете в голяма чиния. Завържете мащерката и дафиновите листа с месарски канап.

b) Запържете говеждото месо. В голяма холандска фурна загрейте 1 супена лъжица зехтин на средно висока степен, докато се загрее. Работейки на партиди и добавяйки повече масло, ако е необходимо, добавете говеждото на един, равномерен слой. Гответе, като обръщате от време на време, за 5 до 8 минути на партида, докато покафенеят добре от всички страни. Прехвърлете в чиста чиния, като оставите всички запечени парчета (любов) в тенджерата. (Ако фондът е черен и изгорял, изстържете го и изхвърлете; изплакнете и избършете гърнето.)

c) Сварете ароматите. Загрейте фонда на средна степен, докато се загрее. (Ако тенджерата изглежда суха, добавете 1 супена лъжица зехтин.) Добавете чесъна. Гответе, като разбърквате от време на време, за 1 до 2 минути, докато чесънът леко покафенее и ароматизира. Добавете праза, целината и перления лук и подправете със сол и черен пипер. Гответе, като разбърквате от време на време, за 5 до 6 минути, докато леко покафенеят. Добавете доматеното пюре и гответе, като разбърквате често, за 6 до 7 минути, докато пастата стане тъмночервена.

d)Намалете виното. Добавете виното и увеличете котлона до средно силен. Гответе, като разбърквате от време на време и изстъргвате всички покафенели парчета от дъното на тенджерата за 8 до 9 минути, докато обемът на виното намалее с две трети.

e)Задушете говеждото. Добавете бульона и подправете със сол и черен пипер. Увеличете котлона до висока степен и оставете да заври. Върнете говеждото в тенджерата, заедно с всички натрупани сокове. Добавете връзката с билки. Намалете котлона до минимум, покрийте и оставете да къкри 2 часа 20 минути до 2 часа 30 минути, докато месото омекне. Ако задушаването изглежда сухо, добавете още бульон, ½ чаша наведнъж.

f)Добавете морковите. Ако е необходимо, отстранете излишната мазнина. Добавете морковите и увеличете котлона до среден. Гответе без капак, като разбърквате от време на време, за 40 до 45 минути, докато морковите омекнат и задушеното се сгъсти. Подправете със сол и черен пипер.

g)Сварете гъбите. Докато задушаването къкри, в голям тиган на средно висока степен разтопете маслото. Добавете гъбите. Гответе, като разбърквате само няколко пъти, за 7 до 8 минути, докато покафенеят. Подправете със сол и черен пипер.

h)Завършете задушаването. Разбъркайте гъбите в задушаването. Гответе 15 до 20 минути, докато леко се сгъсти. Свалете от котлона. Изхвърлете снопчето билки и разбъркайте в оцета. Подправете със сол и черен пипер. Прехвърлете в чиния за сервиране или отделни купички. Гарнирайте с листа целина и сервирайте с картофеното пюре.

20. Супа от телешки и зеленчуков бульон

СЪСТАВКИ

- 16 унции доматен сос
- 1 червена люта чушка
- 1 чаена лъжичка сол
- 1 зелка, нарязана
- 15 унции английски грах
- 1 килограм говеждо задушено, нарязано на кубчета
- 1 чаена лъжичка черен пипер
- 7 чаши вода
- 2 кокала за супа от телешки бульон
- 4 картофа, на кубчета
- 4 моркова, нарязани
- 17 унции пълнозърнеста царевица

ИНСТРУКЦИИ

a) Комбинирайте съставките в Crockpot.
b) Гответе на ниска температура за 3 часа.

21. Бульонна супа Jоиτои в бульон

СЪСТАВКИ

- 1 чаша плюс 1 супена лъжица дестилиран бял оцет, разделени
- 1 фунт телешки джолан, нарязан на кубчета и изплакнат в оцет
- 2 ряпи, нарязани на ситно
- 1 зелен скоч боне или хабанеро чили
- 1 фунт говеждо месо, нарязано на кубчета и изплакнато с оцет
- 1 чаша основа за подправки Epis
- 1 средна тиква калабаза, обелена и нарязана на кубчета
- 3 червени картофа, нарязани на ситно
- 3 супени лъжици пресен сок от лайм
- 1 супена лъжица овкусена сол
- 15 чаши телешки или зеленчуков бульон, разделени
- 1 килограм телешки кости
- 3 моркова, нарязани
- $\frac{1}{2}$ зелено зеле, нарязано много тънко
- 1 глава лук, нарязана
- 1 стрък целина, едро нарязан
- 1 праз лук, само бели и бледозелени части, нарязан на ситно
- 1 стръкче мащерка
- 2 супени лъжици зехтин
- $1\frac{1}{2}$ чаши ригатони
- 6 цели скилидки
- 1 чаена лъжичка чесън на прах

- 1 чаена лъжичка лук на прах
- 2 ½ чаени лъжички кошер сол, плюс повече
- ½ чаена лъжичка прясно смлян черен пипер, плюс повече
- Щипка кайенски пипер, плюс още
- 1 стрък магданоз
- 1 супена лъжица несолено масло

ДА СЛУЖА

- Хрупкав хляб

ИНСТРУКЦИИ

a) Комбинирайте сок от лайм, подправена сол и подправка Epis.

b) Добавете говеждо месо и мариновайте за поне 30 минути или за една нощ.

c) В тенджера с много бульон загрейте 5 чаши бульон на среден огън.

d) Добавете мариноваото говеждо месо и костите, покрийте тенджерата и оставете да къкри около 40 минути.

e) Сложете тиквата в тенджерата върху говеждото, покрийте го и гответе 20 до 25 минути или докато вилицата омекне.

f) Преместете скуоша в блендер. Добавете 4 чаши бульон и пасирайте до гладкост.

g) Върнете обратно в тенджерата и оставете да къкри.

h) Добавете останалите 6 чаши бульон, картофите, морковите, зелето, лука, целината, праза, ряпата, чилито, ригатони, карамфила, чесъна на прах, лука на прах, сол, черен пипер, щипка кайен и останалите зеленчуци.

i) Оставете да къкри 30 минути.

j) Добавете олиото, маслото и последната супена лъжица оцет.

k)Задушете още 15-20 минути на средно ниска температура или докато говеждото омекне изключително много.

l) Сервирайте бульонната супа в купички с хляба отстрани.

22. Тажин

СЪСТАВКИ

- Малко зехтин
- Малко масло
- 500 г агнешко накълцано (без кости)
- 1 глава лук
- 1 парче пресен корен от джинджифил
- 1 парче канела (около 5 см)
- докосване на шафран
- 200 г сушени плодове
- 25 г сусамово семе
- сол и прясно смлян черен пипер на вкус

ИНСТРУКЦИИ

a) Запържете месото, лука и подправките, докато месото покафенее.

b) Сложете месото и лука в тенджера.

c) Добавя се вода, колкото да покрие месото, захлупва се тенджерата и се задушава около 1 час.

d) Добавете сушени плодове и задушете още 30 минути.

e) Запечете сусама на скара или сух тиган, докато покафенее.

f) Извадете канелата и покрийте съда със запечения сусам.

23. Пикантна агнешка яхния с дайкон

СЪСТАВКИ

- 2 килограма агнешко месо, нарязано на 2-инчови парчета
- 3 супени лъжици зехтин екстра върджин
- 5 скилидки чесън, обелени и счукани
- 2 тайландски люти чушки, нарязани
- $\frac{1}{2}$ унция пресен корен от джинджифил, нарязан
- $\frac{1}{4}$ чаша вино Shaoxing или шери
- 3 супени лъжици тъмен соев сос
- 2 супени лъжици лек соев сос
- 1 чаша бульон от пилешки кости
- 1 супена лъжица кафява захар
- 2 супени лъжици смлян кимион
- 3 цели звездовидни анасона
- 12 унции дайкон, обелен и нарязан на кубчета
- 3 супени лъжици царевично нишесте
- Нарязан зелен лук за украса

ИНСТРУКЦИИ

h)В голяма тенджера покрийте агнешкото с вода и оставете да заври, около 5 минути. Изцедете и изплакнете, за да почистите. Заделени.

i) Изплакнете същата тенджера и я изсушете напълно или използвайте голяма холандска фурна. Загрейте зехтина на среден огън за около 2 минути; добавете чесън, чили и джинджифил. Запържете за минута или докато се появи аромат.

j) Добавете агнешко в холандската фурна; гответе 5 минути, като разбърквате често.

k)Добавете вино Shaoxing или шери, последвано от тъмен соев сос, светъл соев сос, бульон от пилешки кости, кафява захар и смлян кимион. Пуснете звездовиден анасон в тигана и превключете на висока температура. Покрийте и оставете да заври. Намалете котлона до минимум, оставете да къкри за $1\frac{1}{2}$ часа.

l) 45 минути преди да приключи готвенето, добавете дайкон към агнешкото, разбъркайте, за да се покрие със соса и продължете да къкри до готовност.

m) Разтворете царевичното нишесте в $\frac{1}{4}$ чаша студена вода и разбъркайте в агнешкото задушено. След като яхнията се сгъсти, изключете котлона.

n)Гарнирайте със зелен лук и сервирайте върху ориз или картофено пюре.

24. Супа от телешки бульон с юфка (Съчуански)

СЪСТАВКИ

- 1 килограм телешко задушено месо
- ¼ чаша пикантен сос от чили
- 4 унции кресон
- 2 супени лъжици кафява захар
- 12-15 гъби шийтаке
- 5 супени лъжици зехтин, разделени
- 4 яйца, рохко сварени
- 3 звездовидни анасона
- 8 унции китайска юфка, или рамен, или удон
- 2 чаени лъжички пет подправки на прах
- 1-инчово парче джинджифил, нарязан на филийки
- 2 супени лъжици соев сос
- 4 скилидки чесън, смачкани и нарязани на едро
- 1 стрък зелен лук, нарязан за гарниране
- 5 чаши телешки костен бульон
- сусамово масло
- 1 супена лъжица червено вино
- Сол и черен пипер

ИНСТРУКЦИИ

a) Поставете говеждо месо от яхния в средна купа; добавете червено вино и щипка сол и черен пипер; разбъркайте добре.

b) В голяма тенджера загрейте 2 супени лъжици зехтин на средно висока температура; добавете подправено говеждо месо, разбъркайте, докато външността на говеждото започне да покафенява (около 5 минути).

c) Добавете 5 чаши бульон от телешки кости в тенджерата. Превключете котлона на висока степен и оставете да заври, след което оставете да къкри.

d) Докато месото се задушава, загрейте 3 супени лъжици зехтин на средно силен огън в малък тиган (около 2 минути).

e) Добавете захар и запържете, докато започне да покафенява; сега добавете звездовиден анасон, прах от пет подправки, джинджифил и чесън; разбъркайте за около 10 секунди; бързо добавете сос от чили боб. Разбъркайте добре и гответе на ниска температура за около 1 минута.

f) Прехвърлете сместа от сос от чили боб в голямата тенджера; добавете соев сос, след което оставете да къкри за 25 минути.

g) Междувременно сварете яйцата. (Оставете 4 чаши вода да заври в малка тенджера, внимателно добавете яйцата и ги оставете да врят 4 $\frac{1}{2}$ минути за рохки яйца или 5 минути за твърдо сварени яйца. Отцедете и оставете яйцата да престоят в студена вода за 5 минути преди обелване.)

h) След 25 минути варене добавете юфка и гъби в тенджерата; оставете да заври. След като супата с телешки бульон с юфка заври, добавете кресон и веднага изключете котлона. Разбъркайте, докато зеленчукът започне да повяхва.

i) За да сервирате, разделете супата с бульон от юфка в 4 купички по равно; залейте със сусамово масло. Поставете по едно рохко сварено яйце във всяка купа; поръсете с наситнен зелен лук. Наслади се!

25. Телешки борш в шанхайски стил за бавно готвене

СЪСТАВКИ

- 2 супени лъжици зехтин
- 2 чаши говежди костен бульон (1 кашон)
- 2 супени лъжици масло
- 1 (6-oz) консерва доматено пюре
- ¼ чаша универсално брашно
- 1 (14,5-унция) консерва нарязани на кубчета домати
- 1 средно голяма глава лук, нарязана
- 1 дафинов лист
- 1 килограм телешко задушено месо
- 1 чаена лъжичка сол
- 2 стръка целина, нарязани
- 2 супени лъжици кафява захар
- 1 чаша моркови, нарязани
- ½ чаена лъжичка смлян черен пипер
- 1 голям червен картоф, нарязан на кубчета
- 3 чаши зелено зеле, нарязано на ситно
- 4 скилидки чесън, смлени
- Нарязан пресен босилек за гарнитура

ИНСТРУКЦИИ

f) Направете ру, като разтопите масло със зехтин на среден огън в тиган. След като маслото се разтопи напълно, намалете котлона до минимум, добавете брашно; разбърквайте непрекъснато, докато сместа се смеси и стане гладка.

g) Добавете лука в руто; увеличете топлината до средно висока. Разбъркайте, докато лукът се покрие добре и ароматизира; прехвърлете сместа в уреда за бавно готвене.

h)Поставете всички останали съставки с изключение на зелето в бавната готварска печка. Разбъркайте добре, покрийте и гответе на ниска температура за 8 часа.

i) Добавете зеле, превключете уреда за бавно готвене на висока степен. Гответе още 30 минути или докато зелето омекне.

j) Опитайте на вкус и добавете още сол или захар, ако желаете. Ястие, гарнирайте с босилек и сервирайте с любимия си хляб.

26. супа от говеждо и сладък картофен бульон

СЪСТАВКИ

- 1 супена лъжица рафинирано масло от авокадо или зехтин
- 1-килограм постно задушено говеждо месо
- 1 чаена лъжичка кошер сол
- 1 чаша нарязан лук
- 1 чаена лъжичка смлян чесън
- 1 чаша нарязан сладък пипер
- 2 чаши сладки картофи, обелени и нарязани
- 1 чаена лъжичка чили на прах
- 1 чаена лъжичка сух риган
- 1 чаена лъжичка смлян кимион
- 14 унции червена салса
- Пилешки бульон, 2 чаши
- 2 супени лъжици сок от лайм
- ⅓ чаша нарязан кориандър
- Кошерна сол на вкус
- Смлян черен пипер на вкус

ИНСТРУКЦИИ

a) Загрейте голям чугунен тиган на силен огън.

b) Добавете задушеното говеждо месо и поръсете със сол. Разбъркайте говеждото докато покафенее, 5 минути. С решетъчна лъжица извадете месото и го прехвърлете в чиния. Заделени.

c) Поставете лука, чесъна и чушката в тигана на средно силен огън, като разбърквате от време на време, докато лукът и чесънът се ухаят, а чушките омекнат или около 5 минути.

d)Добавете сладкия картоф, чилито на прах, ригана, кимиона, бульона и салсата. Разбъркайте старателно. Оставете да заври. След това покрийте и оставете да къкри за 30 минути или докато сладките картофи омекнат като вилица.

e)Разбъркайте сок от лайм, кориандър, сол и черен пипер. Оставете да се загрее на слаб огън, около 4 минути.

f)Разсипете бульонната супа в подготвени буркани, пинти или литри, оставяйки 1 инч свободно пространство.

g)Запечатайте с капаци от 2 части, за да се стегнат с пръст.

h)Обработете бурканите в предварително загрята консерва под налягане за 40 минути.

i) Когато Времето за обработка: приключи, изключете котлона и оставете контейнера да достигне естествена стайна температура.

j) Когато се охладят, извадете бурканите от консервната кутия и проверете уплътненията.

27. Супа от говеждо, зеленчуци и ориз

Прави: 10 порции

СЪСТАВКИ
- 1 опаковка къси ребра
- 2 килограма телешко задушено месо, нарязано на кубчета
- ⅓ чаша зехтин за запържване на месо
- 2 супени лъжици адобо
- 1 супена лъжица доматено пюре
- 2 супени лъжици зехтин
- 1 глава чесън без нужда от обелване
- ¼ чаена лъжичка черен пипер
- ½ чаена лъжичка сол
- вода
- 2 кубчета пилешки бульон
- ½ чаша чушки, нарязани на ситно
- ½ цяла глава жълт лук, обелен
- 1 връзка кориандър
- 1 тиквичка, нарязана на кубчета
- 2 царевични кочана, нарязани на 5 части
- ¼ чаша дългозърнест ориз
- 2 картофа обелени и нарязани на кубчета
- 1 голям морков, обелен и нарязан на кубчета
- 2 стръка целина, нарязани
- 1 чаша юка, обелена и нарязана на парчета
- 1 лайм, изцеден

ИНСТРУКЦИИ

a) Поставете пълна глава чесън, без да я белите, в друг тиган със зехтин на средно силен огън, докато месото се запържва.

b) Запържете за около 5 минути, или докато стане светло златисто кафяво. Заделени.

c) В голяма тенджера загрейте зехтина на средно висока температура.

d) Добавете говеждото и запържете за 10 до 15 минути.

e) Овкусете месото със сол и черен пипер.

f) Добавете достатъчно вода, за да покриете напълно говеждото.

g) Добавете главата чесън с чушките и лука.

h) Покрийте тигана и гответе говеждото на средно силен огън, докато омекне, около 1 час, ако използвате къси ребра.

i) Добавете 3 до 4 чаши вода в тенджерата, след като говеждото омекне, и го оставете да заври отново.

j) Добавете адобо, доматено пюре, пилешки бульон, картофи, моркови, целина, юка, царевица и ориз.

k) Оставете да къкри още 10 минути.

l) Добавете кориандъра и сока от лайм.

m) Добавете тиквичките и ги гответе, докато омекнат.

n) Сервирайте и се наслаждавайте!

28. Селската телешка ечемична супа на баба

СЪСТАВКИ

- ½-1 паунд Телешко задушено месо
- 2 скилидки чесън
- 2 супени лъжици масло
- 1 консерва домати
- 2 чаши моркови
- 2 чаши целина
- 2 чаши зелен фасул
- ½ чаша ечемик
- 1 супена лъжица сос Worcestershire
- Щипка босилек
- Сол и черен пипер
- 1 опаковка телешки бульон

ИНСТРУКЦИИ

a) В 2 с. л. олио се задушава телешкото месо с чесън.

b) Добавете домати, моркови, целина, зелен фасул, ечемик, сос Worcestershire, щипка босилек, сол и черен пипер и 1 пакет телешки бульон.

c) Гответе на ниска температура 3-4 часа.

29. Уайоминг яхния

Добив: 8 порции

съставки
- 1 паунд нарязано на кубчета говеждо задушено месо
- 2 супени лъжици омекотител за месо
- 1 (14,5 унция) консерва пилешки бульон
- 1 (10,75 унции) консерва кондензирана крем супа от пиле
- 1 (1 унция) плик суха смес от лучена супа
- 1 пакет (16 унции) замразени задушени зеленчуци
- 1 (10 унции) консерва охладени полумесеци за вечеря

Упътвания

a) Загрейте чугунен тиган на средно висока температура. Поръсете омекотител за месо върху кубчета говеждо месо и гответе в горещ тиган, докато покафенеят.

b) Изцедете излишъка сок.

c) В малка купа смесете заедно пилешкия бульон, пилешката крем супа и микса за лучена супа. Изсипете месото, намалете огъня и оставете да къкри минути.

d) Загрейте фурната до 350 градуса F (175 градуса C). Добавете замразените задушени зеленчуци в тигана и оставете да къкри още 10 минути. Развийте тестото за полумесец и го подредете така, че да покрие горната част на тавата като за пай.

е)Печете за 10 до 15 минути в предварително загрята фурна или докато горната част стане златисто кафява. Извадете от фурната и сервирайте.

30. Канелини боб и агнешка супа

Прави: 4

СЪСТАВКИ

- 1 супена лъжица слънчогледово масло
- 1 малка глава лук (5 oz / 150 g общо), ситно нарязан
- ¼ малък корен от целина, обелен и нарязан на кубчета с размери ¼ инча / 0,5 см (общо 6 унции / 170 г)
- 20 големи скилидки чесън, обелени, но цели
- 1 ч. л. смлян кимион
- 1 lb / 500 g агнешко задушено месо (или говеждо, ако предпочитате), нарязано на ¾-инча / 2 cm кубчета
- 7 чаши / 1,75 литра вода
- ½ чаша / 100 г сушени канелини или пинто боб, накиснати за една нощ в много студена вода, след това отцедени
- 7 шушулки кардамон, леко натрошени
- ½ ч. л. смляна куркума
- 2 супени лъжици доматено пюре
- 1 ч. л. супер фина захар
- 9 oz / 250 g Yukon Gold или друг картоф с жълта плът, обелен и нарязан на ¾-инча / 2 cm кубчета
- сол и прясно смлян черен пипер
- хляб, за сервиране
- прясно изцеден лимонов сок, за сервиране
- нарязан кориандър или джуг

ИНСТРУКЦИИ

a) Загрейте олиото в голям тиган и запържете лука и корена целина на средно силен огън за 5 минути или докато лукът започне да покафенява. Добавете скилидките чесън и кимиона и гответе още 2 минути. Махнете котлона и оставете настрана.

b) Поставете месото и водата в голяма тенджера или холандска фурна на средно висока температура, оставете да заври, намалете котлона и оставете да къкри за 10 минути, като обелвате често повърхността, докато получите бистър бульон. Добавете сместа от лук и корен от целина, отцедените зърна, кардамона, куркумата, доматеното пюре и захарта. Оставете да заври, покрийте и оставете да къкри леко за 1 час или докато месото омекне.

c) Добавете картофите към супата и овкусете с 1 чаена лъжичка сол и ½ чаена лъжичка черен пипер. Оставете отново да заври, намалете котлона и оставете да къкри без капак за още 20 минути или докато картофите и бобът омекнат. Супата трябва да е гъста. Оставете го да шупне още малко, ако е необходимо, за да намалите или добавете малко вода. Опитайте и добавете още подправки по ваш вкус. Сервирайте супата с хляб и малко лимонов сок и прясно нарязан кориандър или джуг.

31. Унгарски Гуляс

Прави: 4

СЪСТАВКИ

- 2 килограма месо, нарязано на яхния
- 4 супени лъжици мек унгарски червен пипер
- щипка лют унгарски червен пипер
- 3 или 4 големи домата
- 2 големи зелени чушки
- 2 глави лук, за предпочитане жълт
- сол и черен пипер на вкус
- мазнина или олио за запържване на месото или рибата
- 2 чаши заквасена сметана, ако има такава

ИНСТРУКЦИИ

a) Запържете месото, пилето или рибата в тиган.

b) Нарежете чушките, доматите и лука: няколко от тях нарежете много ситно, за да овкусите добре бульона, а останалите на едро, разпознаваеми. Сложете зеленчуците в тенджера.

c) Добавете запърженото месо в тенджерата и след това добавете вода, за да покрие твърдите частици с около един инч.

d) Добавете сол, черен пипер и "сладък" червен пипер - толкова червен пипер, че бульонът да стане червен цвят. (Ако използвате риба, добавете вода, за да покрие зеленчуците, добавете подправките и оставете да къкри, докато зеленчуците омекнат почти, преди да добавите рибата.)

e) Варете, докато месото почти падне от костите или рибата току-що се свари; добавете вода, колкото е необходимо, като поддържате гъста супа-яхния. Опитайте на вкус и коригирайте подправките.

f) Ако имате заквасена сметана, добавете 1 чаша малко преди сервиране и разбъркайте добре. Сервирайте в купички за супа върху горещи сварени картофи или фиде. С останалата сметана гарнирайте купата на всеки.

g) Предайте лютия червен пипер, за да могат хората да направят порциите си толкова остри, колкото искат.

32. Японско телешко къри

Сервира 4

СЪСТАВКИ
- ⅓ чаша брашно
- 4 супени лъжици несолено масло
- 2 супени лъжици къри на прах
- 1/2 супени лъжици гарам масала
- 1 супена лъжица соев сос
- 1 супена лъжица кетчуп
- 1 супена лъжица сос Worcestershire
- 1 супена лъжица мед
- 1 чаена лъжичка кошер сол
- 1 lb. телешка яхния месо
- 2 моркова
- 3 средни златни картофа Yukon
- 1 среден лук
- 2 скилидки чесън, смлени
- 1 ч. л. джинджифил, смлян
- 2 чаши пилешки бульон

Упътвания
a) Натиснете бутона за задушаване и оставете да се загрее.

b) Първо да направите ру: разтопете маслото и след това добавете брашното. Оставете да се препече за минута, след което добавете къри на прах и гарам масала. Разбъркайте, докато стане гъста паста. Свалете от огъня.

c)Добавете зехтин и говеждото месо се запържва. Добавете нарязания лук и гответе няколко минути, за да покафенее лукът. Добавете джинджифил, чесън, мед, соев сос, кетчуп, сос Worcestershire и кошер сол и къри ру.

d)Разбъркайте добре с месото. Налейте морковите, картофите и пилешкия бульон. Покрийте и натиснете бутона за месо/задушаване и задушете за 20 минути.

33. Къри от говеждо месо

Прави: 6 порции

СЪСТАВКИ
- 1 глава лук; нарязани
- 1 чаена лъжичка къри на прах
- 2 супени лъжици масло
- 1 чаена лъжичка сол
- 1 чаена лъжичка смлян черен пипер
- 2 килограма телешко месо; $\frac{1}{2}$" кубчета
- 2 чаши течност
- 2 чаши плодове
- Горещ варен ориз
- Нарязан зелен лук
- настърган кокос; неподсладени
- Нарязани фъстъци
- 1 чътни

ИНСТРУКЦИИ
a)   В холандска фурна задушете лука и кърито на прах в олио на среден огън, докато лукът омекне.

b)   Извадете лука от тигана. Увеличете топлината до средно висока и кафяво говеждо месо.

c)   В тенджерата добавете лук, говеждо месо, сол, черен пипер и течност.

d)   Покрийте и гответе на НИСКО за 6-8 часа. Около половин час преди сервиране добавете плодове.

e)   Можете да сгъстите яхнията със смес от царевично нишесте, ако течността е твърде рядка.

f) Сервирайте върху горещ ориз с подправки по избор.

34. Италианско телешко и чушки

СЪСТАВКИ

- 1 паунд телешко задушено
- 3 големи зелени чушки, нарязани или нарязани (може и повече)
- 2 големи глави лук, нарязани или наситнени
- 1 #2 консерва домати
- Сол и черен пипер
- Магданоз
- 1 дафинов лист

ИНСТРУКЦИИ

a) Нарежете телешкото месо на дребно.

b) В тиган се загрява олио (колкото да покрие дъното и месото да не залепва).

c) Добавете месото и запържете добре.

d) Добавете лука и гответе за няколко минути, докато омекне.

e) Изсипете доматите. Добавете подправките и гответе на бавно поне 1 час.

f) Забележка: Чушките може да се запържат отделно и да се добавят последните 10-20 минути към доматената смес.

35. Тайландско къри яхния

Прави 4 порции

СЪСТАВКИ
За къри пастата:
- 6 люти чушка без дръжки и семена, изсушени
- 1/2 чаена лъжичка сол, кошер
- 1 х дъно 4" обелен, 1"-нарязан на кубчета стрък лимонова трева
- 2 супени лъжици пресен галангал, обелен, нарязан
- 2 супени лъжици прясна куркума, нарязана и обелена
- 1/2 чаша шалот, нарязан
- 1/4 чаша половинки скилидки чесън
- 1 супена лъжица паста от скариди, тайландска

За яхнията:
- 2 паунда нарязано, 1 & 1/2" кубче говеждо месо
- 3 супени лъжици соев сос, тайландски
- 2 супени лъжици тайландски люти чушки, смлени и изсушени
- 9 чаши телешки бульон с ниско съдържание на натрий
- 1 чаша шалот, наполовина
- 3 обелени, надлъжно разполовени напречно срязани моркови, средни
- 6 замразени или пресни листа от кафир лайм
- За сервиране: нарязан кориандър и нарязан босилек

Упътвания:

a)За да приготвите къри пастата, счукайте чилито и солта с чукало в хаванче за 5-6 минути. Добавете останалите съставки на пастата една след друга в реда, изброен по-горе, като разбиете всяка напълно на прах, преди да добавите следващата. Това ще отнеме общо 15-20 минути.

b)За да приготвите яхнията, комбинирайте къри пастата със соев сос, говеждо и люти чушки в голяма тенджера. Разбъркайте равномерно, покривайки

c)телешко добре. Разбърквайте от време на време, докато готвите за 5-6 минути на среден огън. Добавете бульона. Оставете да заври.

d)Покрийте и намалете топлината до средно ниска . Разбърквайте от време на време, докато къкри за 2 до 2 и 1/2 часа, докато говеждото омекне, но все още не се разпада.

e)Разбъркайте листата от лайм, шалот и моркови. Оставете да къкри за 10-12 минути, докато зеленчуците едва омекнат. Използвайте босилек и кориандър за гарниране и сервиране.

36. Коза яхния Mannish Water

Прави: 6 порции

СЪСТАВКИ

- 2 фунта козя глава и крака, нарязани на парчета
- ½ килограм измита и нарязана на кубчета тиква
- Сол на вкус
- Няколко зърна бахар
- 1 килограм жълт ямс
- 1 чаша брашно за направата на кнедли
- 2 моркова обелени, измити и нарязани на кубчета
- 1 ирландски картоф, обелен, измит и нарязан на кубчета
- 3 счукани скилидки чесън
- 3 стръка лук
- 3 пръста зелен банан с кожа, измит и нарязан на филийки
- 2 стръка прясна зелена мащерка
- 1 зелена люта чушка

ИНСТРУКЦИИ

a) Поставете главата и краката на козата в съд с вряща вода.

b) На среден огън оставете тенджерата да заври за 10 до 15 минути.

c) Добавете няколко зрънца пименто и две скилидки чесън.

d) Сварете козешката глава и крака до полуготовност. Заделени.

e) Добавете банана, тиквата и моркова и оставете да къкри за 10 минути.

f) Добавете сол и черен пипер на вкус, преди да добавите кнедлите, лука, мащерката и лютия пипер.

g) Разбъркайте и намалете котлона.

h) Варете яхнията, докато се сгъсти, след което изключете котлона.

i) Сервирайте топли.

37. Ямайска овнешка яхния

Прави: 6 порции

СЪСТАВКИ
ЗА ГОТВЕНЕ НА МЕСОТО ПОД НАЛЯГАНЕ
j) 7 чаши вода
k) 2 супени лъжици всяка подправка за червено месо
l) 2½ паунда овнешко месо
ДА СГОТВИТЕ ЯНХИЯТА
m) 1 килограм бял или жълт ямс, нарязан
n) 1 Чочо нарязан
o) 8 стръка мащерка, вързани на снопче
p) 8 плодчета пименто
q) 1 картоф
r) 2 нарязани моркова
s) 3 нарязани лука
t) 1 нарязана глава лук, по желание
u) 1 шотландско боне
v) черен пипер, чесън на прах и розова сол на вкус
w) 5 чаши вода, останала от готвенето на месото под налягане
x) 5 чаши овнешки бульон
y) 3 супени лъжици тиква Смес за яхния
ЗА КНЕДЛИТЕ
z) ½ чаша вода
aa) 2 чаши безглутеново брашно
bb) ½ чаена лъжичка розова сол

ИНСТРУКЦИИ
ЗА ГОТВЕНЕ НА ОВНЕШКОТО ПОД НАЛЯГАНЕ

a) В инстантната тенджера добавете овнешкото, подправете със сол и черен пипер и добавете водата.

b) Покрийте, изберете "режим месо" и гответе 20 минути.

c) Когато таймерът изгасне, направете бързо освобождаване и преместете клапана в положение "вентилиране".

ЗА НАПРАВЯНЕ НА ЯНХИЯТА

a) Прехвърлете овнешкото месо, 5 чаши овнешки бульон и 5 чаши варена под налягане вода в тенджера и ги оставете да заври.

b) Разбъркайте сместа за яхния Chocho, ямс, картофи, моркови, лук, лук, пименто, мащерка и петел, преди да намалите топлината до средна или ниска.

ЗА НАПРАВЯНЕ НА КНЕДЛИ

a) Комбинирайте брашното и розовата сол в купа.

b) Добавете вода към купата постепенно, докато стане достатъчно лепкава, за да оформите топка тесто.

c) Отщипете малко парче тесто, разточете го в дланите си, за да оформите "върти", след което го сплескайте на диск.

d) Добавете ги в тенджерата, докато ги правите.

e) Добавете капака на скоча, покрийте тенджерата частично и оставете да къкри до един час.

f) Намачкайте част от картофите с опакото на лъжица, за да стане яхнията по-гъста.

ЗЕЛЕНЧУКОВИ ЯНСИИ

38. от тиква и картофи

Прави: 6 порции

СЪСТАВКИ

- 3 глави лук, нарязани на ситно
- 1 чаша Зеленчуков бульон
- 1 скилидка чесън, смлян или пресован
- Две кутии черен боб от 16 унции, отцедени
- 2 лайма, нарязани на резени, за гарнитура
- ½ чаена лъжичка Сух люспи от червен пипер
- ½ чаена лъжичка Смлян бахар
- 16-унция консерва домати
- 1 маслена тиква, обелена, почистена от семките и нарязана на парчета
- 1 килограм картофи Айдахо, обелени и нарязани на парчета
- Черен пипер на вкус

ИНСТРУКЦИИ

a) Запържете лука в балсамовия оцет.

b) Добавете останалите съставки, с изключение на лаймовете, магданоза и черния боб.

c) Покрийте съда и оставете да къкри 20 минути на средно слаб огън.

d) Добавете черен боб и загрейте за 10 минути преди сервиране.

e) Сервирайте с парче лайм за върха.

39. Задушено Калалу

Прави: 3 порции

СЪСТАВКИ
- 1 чаша кокосово мляко
- Нарязани листа от калалу
- 3 супени лъжици растително масло
- Сол и черен пипер на вкус
- 2 смлени скилидки чесън
- 2 глави лук
- Сос от люти чушки

ИНСТРУКЦИИ
a) В тенджера загрейте олиото.
b) Добавете смлените лук и чесън.
c) Добавете листата калалу и разбъркайте , докато увяхнат и се покрият с масло.
d) Добавете кокосово мляко и оставете да къкри за 5 минути .
e) Подправете със сол и черен пипер и сервирайте .

40. Яхния от картофи, моркови и гъби

Прави: 4

СЪСТАВКИ
- 3 златни картофа Юкон
- 2 големи моркова, обелени и нарязани на ситно
- 16oz кремини гъби, нарязани на четвъртинки
- 1/4 чаша бадемово брашно
- 3 скилидки чесън, смлени
- 2 супени лъжици доматено пюре
- 2 супени лъжици Worcestershire
- 4 супени лъжици зеленчуков бульон
- 3 1/2 чаши зеленчуков бульон
- 3 ребра целина, нарязани на ситно
- 1 глава жълт лук, нарязан на ситно
- 1 чаена лъжичка сушена мащерка
- 1/4 чаша сух червен винен оцет
- Сол и черен пипер, на вкус
- Пресен магданоз за сервиране

ИНСТРУКЦИИ
a) Загрейте зеленчуковия бульон в голяма тенджера. Добавете лука, моркова, целината и гответе поне 5 минути. Овкусете със сол и оставете бульона за друг път.

b) Сложете гъбите и чесъна в тенджерата. Гответе го още 5 минути, докато започне да пуска течността си.

c) Комбинирайте мащерката или ригана, соса Worcestershire, доматеното пюре и червения винен оцет в купа за смесване. Гответе около 5 минути, като разбърквате от време на време.

d)Добавете 3 чаши зеленчуков бульон, последван от картофите и дафиновия лист. За 10 минути оставете да заври на слаб огън.

e)Комбинирайте брашното и $\frac{1}{2}$ чаша от запазения бульон в купа за смесване и разбийте до гладкост. Изсипете сместа в тенджерата и разбъркайте добре.

f)Гответе на слаб огън, докато сосът се сгъсти. Подправете със сол и черен пипер на вкус. Гарнирайте с магданоз преди сервиране.

41. Тиква яхния със сметана

Прави: 4

СЪСТАВКИ
- 40g/1½oz масло
- 2 глави лук, нарязани
- 1 морков, нарязан
- 1 пръчка целина, нарязана
- 3 стръка розмарин
- 2 дафинови листа
- 1 скилидка чесън, наситнена
- 400g/14oz леща
- 1,2 литра/2 пинти 2 течни унции зеленчуков бульон
- 600g/1lb 5oz асорти от тиква или тиква
- малка връзка магданоз, нарязан
- 2 супени лъжици червен винен оцет
- 4 супени лъжици сметана

ИНСТРУКЦИИ
a) В голям тиган разтопете маслото и след това добавете нарязаните лук, моркови и целина. Накъсайте розмарина и няколко дафинови листа и след няколко минути добавете наситнения чесън. Когато всичко е омекнало добре, добавете лещата и я залейте с 1 литър/1¾ пинта зеленчуков бульон. Оставете да заври и след това оставете да къкри, докато се грижите за тиквата

b) Използването на различни тикви и тикви придава на яхнията по-сложен вкус. Тук използвам тиква от жълъди и пепеляшка, но вие искате да получите около 600 г/1 фунт 5 унции обелена тиква на големи парчета. Добавете ги към яхнията, подправете и след това залейте с вода, колкото да покрие всички съставки. Сложете капак на тигана и оставете да къкри за 30-40 минути

c)Когато яхнията е почти готова, добавете наситнения магданоз

d)За да направите яхнията по-кремообразна, извадете малка купа от кухненския робот и я разбийте с 200 ml/2 fl oz бульон. Изсипете го обратно и яхнията моментално става по-кадифена

e)Сервирайте яхнията в купички, като завършете всяка порция с изстиваща лъжица заквасена сметана

42. Яхния с гъби и халапеньо

Прави: 4

СЪСТАВКИ

- 2 чаени лъжички зехтин
- 1 чаша праз, нарязан
- 1 скилидка чесън, смлян
- $\frac{1}{2}$ чаша стръкове целина, нарязани
- $\frac{1}{2}$ чаша моркови, нарязани
- 1 зелена чушка, нарязана
- 1 чушка халапеньо, нарязана
- 2 $\frac{1}{2}$ чаши гъби, нарязани
- 1 $\frac{1}{2}$ чаши зеленчуков бульон
- 2 домата, нарязани
- 2 стръка мащерка, нарязани
- 1 стрък розмарин, нарязан
- 2 дафинови листа
- $\frac{1}{2}$ чаена лъжичка сол
- $\frac{1}{4}$ чаена лъжичка смлян черен пипер
- 2 супени лъжици оцет

ИНСТРУКЦИИ

a) Поставете тенджера на среден огън и затоплено олио.

b) Добавете чесъна и праза и ги задушете, докато омекнат и станат прозрачни.

c) Добавете черния пипер, целината, гъбите и морковите.

d)Гответе, докато разбърквате за 12 минути; разбъркайте малко зеленчуков бульон, за да сте сигурни, че няма да залепне.

e)Разбъркайте останалите съставки.

f)Задайте топлина на средна; оставете да къкри за 25 до 35 минути или докато се сварят.

g)Разпределете в отделни купички и сервирайте топло.

43. <u>Запържено тофу със задушени аспержи</u>

Прави: 4

СЪСТАВКИ
- 1-килограмови аспержи, отрязани стъбла
- 2 супени лъжици зехтин
- 2 блока тофу, пресовано и нарязано на кубчета
- 2 скилидки чесън, смлени
- 1 чаена лъжичка микс от подправки Cajun
- 1 чаена лъжичка горчица
- 1 чушка, нарязана
- $\frac{1}{4}$ чаша зеленчуков бульон
- Сол и черен пипер, на вкус

ИНСТРУКЦИИ
a) Използвайки огромна тенджера с леко подсолена вода, поставете аспержи и гответе до омекване за 10 минути; източване.

b) Поставете уок на силен огън и затоплен зехтин; разбъркайте в кубчета тофу и гответе за 6 минути.

c) Поставете в чесъна и гответе за 30 секунди, докато омекне.

d) Разбъркайте останалите съставки, включително запазените аспержи, и гответе още 4 минути.

e) Разпределете в чинии и сервирайте.

44. Къмпинг Соба Шийтаке Яхния

Прави: 2-4 порции

СЪСТАВКИ
- 1-2 глави лук, нарязани на осмини
- 2-4 средно големи моркова, нарязани на филийки с дебелина половин инч
- 1 опаковка джиненьо соба
- 1 унция сушени гъби шийтаке
- 1 супена лъжица протеин на прах
- щипка морска сол

ИНСТРУКЦИИ
a) Поставете нарязаните лук и моркови във водата и ги оставете да заври. Намалете топлината и гответе докато лукът и морковите почти омекнат.

b) Добавете протеин на прах и сол. Разбъркайте. Добавете соба Гответе още няколко минути в зависимост от надморската височина, докато соба омекне, но не омекне; изключете горелката

c) Потопете гъбите шийтаке отгоре. Разбъркайте леко. Когато шийтаке се навлажни напълно, разбъркайте добре в яхнията.

d) Оставете да престои, докато соба стане готова (ал денте или по-мека, ако желаете), разбъркайте отново и сервирайте.

e) Тази яхния е чудесна за закуска преди натоварващи преходи или изкачвания, а също така е идеална преди да се оттеглите при температури под нулата (със или без буен лагерен огън).

45. Задушени зеленчуци от кашу

Прави: 3

СЪСТАВКИ
- 1½ чаши цветчета броколи
- 1½ чаши цветчета карфиол
- 1 голям нарязан лук
- ¼ чаена лъжичка пресен джинджифил, настърган
- 2 скилидки чесън, смлени
- Щипка сол
- Щипка черен пипер
- 2 чаши зеленчуков бульон
- 1 килограм кашу
- 1 чаена лъжичка кимион на прах
- 1 чаена лъжичка лют червен пипер
- 1 супена лъжица лимонов сок, прясно изцеден
- 1 чаена лъжичка прясна лимонова кора, настъргана

ИНСТРУКЦИИ
a) Лукът се задушава в малко вода за около 3 минути.
b) Добавете чесъна, джинджифила и подправките .
c) Оставете да заври с 1 чаша бульон.
d) Добавят се зеленчуците и отново се вари.
e) Гответе, като разбърквате периодично, за 15 до 20 минути с капак.
f) Свалете от котлона, след като добавите лимоновия сок.
g) Сервирайте горещ с кашу и лимонова кора.

46. Супа и бамя

СЪСТАВКИ

- 1 чаша червено палмово масло или фъстъчено масло
- 1 lb задушено месо, нарязано на кубчета
- 1 глава лук, обелена и нарязана
- 1 сладка червена чушка, нарязана
- 1 люта чушка
- вода
- 1 сушена или пушена риба, почистена, почистена от костите, натрошена на парчета
- $\frac{1}{2}$ lb прясна риба, нарязана на хапки (по желание)
- 2 lbs зеленчуци, стъблата са отстранени, почистени, измити и настъргани
- 1 $\frac{1}{2}$ lbs бамя, отстранени краищата и нарязани на парчета
- едно-две кубчета пилешки или телешки бульон
- лют червен пипер или червен пипер и сол (на вкус)

ИНСТРУКЦИИ

a) Загрейте около една четвърт от маслото в тенджера. Запържете месото до покафеняване. Добавете лука и чушката и запържете още минута-две.

b) Добавете всички останали съставки и оставете да заври. Намалете топлината и оставете да къкри за един до два часа, докато всичко омекне.

c) Когато супата се редуцира по ваш вкус, добавете допълнително палмово масло (по желание) и оставете да къкри още десет до двадесет минути.

47. Патладжан и ориз Провансал

СЪСТАВКИ

- 1 голям патладжан, около 2 килограма
- 4 супени лъжици зехтин
- 3 чаши нарязан лук
- 1 зелена чушка, без сърцевина и семена, нарязана на 1-инчови кубчета
- 2 смлени скилидки чесън
- 1 чаена лъжичка прясна нарязана мащерка или $\frac{1}{2}$ чаена лъжичка сушена мащерка
- 1 дафинов лист
- 3 домата, обелени, почистени и нарязани
- 1 чаша суров ориз
- $3\frac{3}{4}$ чаши пилешки бульон
- Сол и черен пипер
- $\frac{1}{2}$ чаша настърган пармезан
- 2 супени лъжици масло

ИНСТРУКЦИИ

a) Загрейте фурната на 400 градуса. Отрежете краищата на патладжаните и ги нарежете на 1-инчови кубчета.

b) Загрейте олио в голям тиган и добавете кубчета патладжан. Гответе на силен огън, като от време на време разклащате тигана.

c) Добавете лука, зеления пипер, чесъна, мащерката и дафиновия лист, като разбърквате.

d) Разбъркайте доматите и намалете котлона,

e) Оставете да къкри за 5 минути или докато по-голямата част от течността в тигана се изпари.

f) Забележка: Съставките трябва да се задушат до доста сгъстяване.

g) Разбъркайте ориза и пилешкия бульон.

h) Подправете със сол и черен пипер.

i) Изсипете сместа в съда за печене и поръсете със сирене,

j) Намажете с маслото и печете без капак за 30 минути.

48. Задушен грах с кнедли

Порции: 4

СЪСТАВКИ

- 1 чаша сушен боб, накиснат за една нощ
- 1 глава лук, голяма
- 1 морков, голям
- 3 скилидки чесън
- 1 стрък лук
- 1 чаена лъжичка мащерка
- $\frac{1}{2}$ чаена лъжичка бахар, смлян
- 1 супена лъжица универсална подправка
- сол и черен пипер, на вкус
- 1 шотландска чушка, цяла
- 1 чаша кокосово мляко
- 1 супена лъжица олио, по желание

КНЕДЛИ БЕЗ ГЛУТЕН

- $1\frac{1}{2}$ супени лъжици. бяло оризово брашно
- $1\frac{1}{2}$ супени лъжици. брашно от елда
- 1 супена лъжица картофено нишесте
- $\frac{1}{2}$ супена лъжица брашно от тапиока
- 1 супена лъжица бадемово брашно
- $\frac{1}{4}$ чаена лъжичка сол
- 2 супени лъжици. вода

УПЪТВАНИЯ

a) Отцедете накиснатия боб и го сложете в тенджера под налягане. Покрийте с прясна вода, около един инч над зърната. Покрийте и гответе за около 20 до 25 минути.

b) Междувременно нарежете лука, чесъна, моркова и лука, след което ги поставете в купа.

c) В друга купа смесете всички сухи съставки , за да направите кнедлите. Постепенно се добавя вода, като се разбърква след всяко изливане, докато започне да се образува твърдо тесто.

d) Разделете тестото на около 8 до 10 по-малки парчета. Разточете всяко парче между дланите си във формата на 3-инчови дълги въжета или приблизително с размера на малкия ви пръст. Оставете кнедли настрани в чиния.

e) След като бобът се свари, оставете тенджерата под налягане да освободи налягането, преди да я отворите. Можете да пуснете саксията под студена чешмяна вода, за да помогнете.

f) Махнете капака и добавете нарязаните подправки и останалите подправки.

g) Добавете кокосовото мляко, кнедли и оставете да къкри на слаб огън за 10 минути.

h) Добавете кнедлите, след което гответе още 5 минути, докато кнедлите се сварят напълно. Ако яхнията е твърде гъста, добавете още вода, колкото е необходимо.

i) Свалете от огъня. Сервирайте с ориз и задушени зеленчуци или авокадо.

49. Яхния от тиква

Прави: 3 чаши

СЪСТАВКИ
- $1\frac{1}{2}$ чаши пилешки бульон
- 1 чаша тиквено пюре
- $\frac{1}{2}$ чаена лъжичка прясно смлян джинджифил
- 2 скилидки печен чесън, смлян
- $\frac{1}{2}$ чаена лъжичка сол
- $\frac{1}{2}$ чаена лъжичка пипер
- $\frac{1}{4}$ чаена лъжичка канела
- 4 супени лъжици масло
- $\frac{1}{2}$ чаша Тежка сметана
- 4 резена бекон
- $\frac{1}{4}$ лук, нарязан
- $\frac{1}{4}$ чаена лъжичка кориандър
- 1/8 чаена лъжичка индийско орехче
- 1 дафинов лист
- 3 супени лъжици остатъци от бекон грес

ИНСТРУКЦИИ
a) Поставете маслото в голяма тенджера на слаб огън и го оставете да се разтопи напълно.

b) Добавете лука, джинджифила и чесъна и разбъркайте добре.

c) Оставете това да се задуши за две до три минути или докато лукът стане полупрозрачен.

d) Добавете подправките в тигана и ги оставете да се готвят за 1-2 минути.

e) Лукът, подправките и тиквеното пюре се разбъркват добре в тигана.

f) Разбъркайте $1\frac{1}{2}$ чаши пилешки бульон в тигана.

g) Оставете да заври, намалете котлона и оставете да къкри 20 минути.

h) Разбийте ги с потапящ се блендер.

i) Гответе още 20 минути.

j) Междувременно сварете 4 парчета бекон на умерен огън.

k) Когато яхнията свърши, добавете $\frac{1}{2}$ чаша гъста сметана и олиото от бекон.

l) Смесете добре.

m) Отгоре яхнията се поръсва с натрошения бекон.

n) Сервирайте с 2 супени лъжици заквасена сметана и магданоз.

50. Яхния от тиква

Прави: 4 порции

СЪСТАВКИ

- 1 глава лук, обелена и нарязана
- 1 морков, обелен и нарязан
- 1 халапеньо, чушка, отстранени семките, нарязани на ситно
- 1 спагети тиква, обелени и нарязани на кубчета
- 3 чаши пилешки бульон
- 3 супени лъжици масло
- 2 супени лъжици смлян кимион
- 2 супени лъжици смлян кориандър
- ½ чаена лъжичка смляна канела
- ½ чаена лъжичка лют червен пипер
- ½ чаена лъжичка чили на прах
- Сок от 1 портокал
- Сок от 1 лайм

КРЕМ АНЧО

- 4 супени лъжици сметана
- Сол
- 3 люти чушка анчо, наполовина, без дръжки и семена
- 6 супени лъжици бадемово мляко
- Пипер
- Сок от лайм на вкус

ИНСТРУКЦИИ

а) В тежка тенджера задушете лука, моркова и чушката халапеньо в маслото, докато омекнат.

b)Подправете с кимион, кориандър, канела, кайен и чили на прах.

c)Добавете тиквата и гответе още две минути на слаб огън, преди да добавите бульон, портокалов сок и сок от лайм към сместа.

d)Оставете да къкри около половин час, или докато тиквата омекне. Оставете да изстине.

e)Пасирайте сместа в кухненски робот или с потапящ се блендер.

f)Върнете яхнията в тигана и я подправете със сол и черен пипер.

g)Разбъркайте с крем Анчо.

h)Гарнирайте със заквасена сметана, която е разредена със сметана.

51. Доматена яхния с ориз

Прави: 4 порции

СЪСТАВКИ
- 3 домата
- 1 глава лук
- 4 скилидки чесън
- 2 супени лъжици зехтин
- 4 чаши пилешки бульон
- $\frac{1}{4}$ скоч черен пипер
- 1 чаша пропарен кафяв ориз
- 1 супена лъжица наситнен магданоз
- $\frac{1}{4}$ чаена лъжичка черен пипер
- $\frac{1}{4}$ чаена лъжичка сол
- $\frac{1}{2}$ чаена лъжичка мащерка
- 1 супена лъжица доматено пюре
- $\frac{1}{2}$ чаена лъжичка кафява захар
- щипка смлян кориандър

ИНСТРУКЦИИ
a) Блистирайте зрелите домати и целия зелен пипер на скара за около 2-3 минути, а доматите за около 20-30 минути.

b) Когато са достатъчно охладени, за да се справят, отстранете овъглената кожа и ги нарежете грубо.

c) Загрейте зехтина и леко задушете нарязаните на кубчета лук, мащерка и чесън за около 4 минути.

d) Добавете доматеното пюре и гответе още 2-3 минути.

e) Сега увеличете котлона и добавете всички останали съставки с изключение на ориза. Оставете да заври.

f) Добавете ориза и оставете да къкри 20-25 минути.

g) Отгоре поръсете с малко нарязан магданоз и сервирайте с хляб.

БОБОВА И ЗЪРНЕНА ЯХНИИ

52. Задушен боб с кокосово мляко

Прави: 6 порции

СЪСТАВКИ
ЗАДУШЕН БОБ

- 2 чаши сушен боб, накиснат за една нощ
- 6 чаши вода
- 1-14 унция кутия кокосово мляко
- 1 глава лук, наситнена
- 2 скилидки чесън, смлени
- 2 супени лъжици сол или на вкус
- $\frac{1}{2}$ чаена лъжичка сушена мащерка или 1 стрък прясна
- 1 среден морков, нарязан на монети
- 1 цяло стъбло на черен пипер Scotch Bonnet непокътнато или $\frac{1}{4}$ чаена лъжичка лют червен пипер
- $\frac{1}{4}$ чаена лъжичка пресен джинджифил, настърган
- $\frac{1}{4}$ чаена лъжичка смлян бахар или 6 плодчета
- 1 партида кнедли / центрофуги

КНЕДЛИ/СПИНЕРИ

- $\frac{1}{2}$ чаша брашно
- $\frac{1}{4}$ чаша студена вода
- $\frac{1}{4}$ чаена лъжичка сол

ИНСТРУКЦИИ
ЗА ЗАДУШЕНИЯ ГРАХ

a) Добавете вода в тенджера и сложете боба да заври.

b) Задушете боба за 1 час, или докато омекне.

c) Добавете кокосово мляко, моркови, лук и чесън.

d) Добавете центрофугите, мащерката и другите подправки и гответе още 30 минути.

e) Преди сервиране добавете чушката.

f) Вкусно придружено със салата и кафяв ориз!

ЗА КНЕДЛИТЕ

a) Комбинирайте сол и брашно в купа.

b) За да направите твърдо тесто, добавете вода и смесете.

c) Оформете дълги тънки кнедли, отщипете малки парченца тесто и ги навийте между дланите си.

d) Пуснете във врящата яхния.

53. Къри Чана яхния от Тринидад

Прави: 6 чаши

СЪСТАВКИ
- 4 чаши нахут, накиснат за една нощ
- 1 люта чушка серано, почистена и смляна
- 3 супени лъжици къри на прах
- 1 супена лъжица зехтин
- 1 глава жълт лук
- $\frac{1}{4}$ чаена лъжичка мети/сминдух
- $1\frac{1}{4}$ чаши вода, разделени
- 3 скилидки чесън, смлени
- $\frac{1}{2}$ чаена лъжичка куркума
- $\frac{1}{2}$ чаена лъжичка кимион
- $\frac{1}{2}$ чаена лъжичка сол
- 2 супени лъжици кориандър, нарязан

ИНСТРУКЦИИ
a) Сварете нахута във вода за $1\frac{1}{2}$ час или докато омекне.

a) Отцедете боба, като запазите течността от варенето.

b) В тенджера на средно силен огън загрейте зехтина.

c) Добавете резените лук и гответе 5 минути или докато стане прозрачен.

d) Добавете чилито серано и чесъна, гответе още 2 до 3 минути или докато стане ароматно.

e) Разбъркайте кърито на прах, кимиона, куркумата и мети за около 30 секунди.

f) Налейте $\frac{1}{4}$ чаша вода, течност за готвене на нахут или бульон, докато разбърквате сместа.

g) Добавете сварения нахут и оставете да къкри 5 минути на слаб огън.

h) Махнете капака от тенджерата, добавете сол и продължете да къкри още 20 минути.

i) Отгоре сложете кориандъра и сервирайте с кафяв ориз.

54. Яхния от сладки картофи от нахут

Прави: 4

СЪСТАВКИ

- 15oz нахут, отцеден и изплакнат
- 2 чаши сладки картофи, обелени и нарязани на кубчета
- 4 супени лъжици зеленчуков бульон
- 15oz печени на огън смачкани домати, 1 кутия
- 3 скилидки чесън, смлени
- 1 малка глава лук, нарязана на кубчета
- 1 чаена лъжичка джинджифил, смлян
- 3 чаши зеленчуков бульон
- 5oz пресен спанак
- 1/4 чаена лъжичка сух кориандър
- 1/8 чаена лъжичка кайен
- 1 супена лъжица сладък червен пипер
- 1/2 чаена лъжичка кимион

ИНСТРУКЦИИ

a) В голяма тенджера или фурна загрейте зеленчуковия бульон на среден огън. След като бульонът заври, гответе лука за 4-5 минути или докато стане прозрачен.

b) Разбъркайте чесъна и джинджифила за поне 2 до 3 минути. Гответе и разбърквайте от време на време, докато се появи аромат, след което добавете сладък червен пипер, кимион, кориандър и кайен.

c)Сложете нахута, сладките картофи, натрошените домати и зеленчуковия бульон да заври в тенджера. Намалете топлината до средно ниска и оставете сладките картофи да се готвят за 15-20 минути или докато омекнат.

d)Разбъркайте спанака, докато омекне. Сервирайте веднага.

55. Яхния от нахут и фаро

Прави: 4

СЪСТАВКИ
- 3 чаши варен нахут
- 1/2 чаша перлено фаро
- 1 среден морков, нарязан на кубчета
- 14,5 унции консерва домати, нарязани на кубчета
- 2 скилидки чесън, смлени
- 3 1/2 чаши зеленчуков бульон
- 4 супени лъжици зеленчуков бульон
- 1 стрък розмарин
- 1 средно голяма глава лук, нарязана на кубчета
- 1 ребро целина, нарязано на кубчета
- 1/4 чаена лъжичка прясно смлян черен пипер
- 1/2 чаена лъжичка сол
- 1/3 чаша прясно настъргано сирене на растителна основа
- 2 чаши леко натъпкани листа бейби спанак, едро нарязани

ИНСТРУКЦИИ
a) В блендер смесете 1 чаша нахут и $\frac{1}{2}$ чаша зеленчуков бульон, за да направите гладко пюре.

b) В тенджера загрейте зеленчуковия бульон на среден огън. Когато бульонът заври, добавете лука, моркова и целината. Гответе 6 до 8 минути, като разбърквате от време на време, докато зеленчуците омекнат.

c) Гответе чесъна за минута. След това добавете останалите 2 чаши нахут, останалите 3 чаши бульон, доматите и техните сокове, розмарина, сол и черен пипер. Разбъркайте ги, за да се комбинират.

d) Сварете, след това намалете до средно ниска степен и гответе 15 минути.

e) Увеличете топлината до средно висока и добавете фаро.

f) Оставете супата да заври, след това намалете котлона на средно-слабо и гответе. Разбърквайте от време на време поне 20 минути или докато фаро омекне.

g) Отстранете стръка розмарин и разбъркайте спанака. Гответе още поне 1 до 2 минути, след което добавете пюрето от нахут. Сервирайте веднага.

56. Яхния от боб и чоризо

Прави: 3

СЪСТАВКИ
- 1 морков (нарязан на кубчета)
- 3 супени лъжици зехтин
- 1 средно голяма глава лук
- 1 червена чушка
- 400 г сушен боб
- 300 грама колбас Chorizo
- 1 зелена чушка
- 1 чаша магданоз (нарязан)
- 300 г домати (нарязани на кубчета)
- 2 чаши пилешки бульон
- 300 грама пилешки бутчета (филе)
- 6 скилидки чесън
- 1 средно голям картоф (нарязан на кубчета)
- 2 супени лъжици мащерка
- 2 супени лъжици сол на вкус
- 1 супена лъжица черен пипер

ИНСТРУКЦИИ
a) В тиган, изсипете растително масло. Хвърлете лука. Оставете 2 минути време за пържене на среден огън.

b) В голяма купа за смесване смесете чесъна, моркова, чушките, чоризо и пилешките бутчета. Оставете 10 минути за готвене.

c) Добавете мащерката, пилешкия бульон, боба, картофите, доматите, магданоза и подправете на вкус със сол и черен пипер.

d) Гответе 30 минути или докато бобът омекне и яхнията се сгъсти.

57. Яхния от леща от сладки картофи

Прави: 6

СЪСТАВКИ

- Прясно кориандър (смляно) 1/4 чаша
- Зеленчуков бульон 5¼ чаши
- Лют пипер 1/4 чаена лъжичка
- Джинджифил, смлян 1/4 ч.л
- Кимион, смлян 1/2 ч.л
- Скилидки чесън (смлени) 4
- Лук, средно нарязан (нарязан) 1
- Моркови, средни (нарязани на парчета от 1 инч) 3
- Сушена леща (изплакната) 1½ чаши
- Сладки картофи, средни 2¼ чаши

ИНСТРУКЦИИ

a) Вземете 3-литрова готварска печка (бавна) и съберете последните девет съставки.

b) Гответе ги, но не ги покривайте.

c) Гответе на слаб огън за 5 до 6 часа, докато лещата и зеленчуците омекнат. Смесете кориандъра в него.

58. Яхния от червен боб от Ямайка

Прави: 4 порции

СЪСТАВКИ

- 1 глава жълт лук, наситнен
- 2 моркова, нарязани на филийки
- $1/2$ чаша вода _
- 13,5-унция кутия кокосово мляко
- 2 скилидки чесън, смлени
- $1/4$ чаена лъжичка черен пипер
- 1 сладък картоф, обелен и нарязан на кубчета
- 3 чаши сварен тъмночервен боб, отцеден и изплакнат
- 1 супена лъжица зехтин
- 1 чаена лъжичка горещо или леко къри на прах
- 1 чаена лъжичка сушена мащерка
- $1/4$ чаена лъжичка смлян бахар
- $1/2$ чаена лъжичка сол с ниско съдържание на натрий
- 14,5-унция консерва нарязани на кубчета домати, отцедени

ИНСТРУКЦИИ

a) Загрейте олиото в тенджера и запържете лука и морковите за около 4 минути.

b) Добавете чесън, сладки картофи и червен пипер, последвани от боб, домати, къри на прах, мащерка, бахар, сол и черен пипер.

c) Разбъркайте във водата и оставете да къкри, покрито, за 30 минути.

d) Разбъркайте кокосовото мляко в края.

59. Яхния от ечемик и зимнина

Прави 4 порции

СЪСТАВКИ
- 1 супена лъжица зехтин
- 2 средни моркова, нарязани
- 1 среден жълт лук, нарязан
- 1 ребро целина, нарязано
- 2 скилидки чесън, смлени
- $\frac{3}{4}$ чаша перлен ечемик
- 4 чаши настъргано зеле
- 1 среден червен картоф, обелен и нарязан на 1/2-инчови кубчета
- 1 чаша нарязани кремини или бели гъби
- 1 супена лъжица соев сос
- 1 чаена лъжичка сушена мащерка
- 2 супени лъжици изсушен копър
- Сол и прясно смлян черен пипер
- 3 чаши зеленчуков бульон

ИНСТРУКЦИИ
a) В голяма тенджера загрейте олиото на среден огън. Добавете морковите, лука и целината. Покрийте и гответе, докато омекне, около 10 минути.

b) Добавете чесъна и гответе до аромат, 1 минута.

c) Добавете ечемика, зелето, картофите, гъбите, соевия сос, мащерката, копъра и сол и черен пипер на вкус. Разбъркайте бульона и го оставете да заври.

d)Намалете топлината до ниска, добавете боба и оставете да къкри без капак, докато ечемикът се свари и зеленчуците омекнат, около 45 минути.

e)Опитайте на вкус, коригирайте подправките, ако е необходимо, в зависимост от солеността на вашия бульон. Сервирайте веднага.

60. Яхния от боб и чоризо

Прави: 3

СЪСТАВКИ
- 1 морков (нарязан на кубчета)
- 3 супени лъжици зехтин
- 1 средно голяма глава лук
- 1 червена чушка
- 400 г сушен боб
- 300 грама колбас Chorizo
- 1 зелена чушка
- 1 чаша магданоз (нарязан)
- 300 г домати (нарязани на кубчета)
- 2 чаши пилешки бульон
- 300 грама пилешки бутчета (филе)
- 6 скилидки чесън
- 1 средно голям картоф (нарязан на кубчета)
- 2 супени лъжици мащерка
- 2 супени лъжици сол на вкус
- 1 супена лъжица черен пипер

ИНСТРУКЦИИ
e)В тиган, изсипете растително масло. Хвърлете лука. Оставете 2 минути време за пържене на среден огън.

f)В голяма купа за смесване смесете чесъна, моркова, чушките, чоризо и пилешките бутчета. Оставете 10 минути за готвене.

g) Добавете мащерката, пилешкия бульон, боба, картофите, доматите, магданоза и подправете на вкус със сол и черен пипер.

h) Гответе 30 минути или докато бобът омекне и яхнията се сгъсти.

61. Лека яхния от леща

СЪСТАВКИ

- 250 г кафеникава леща
- 1 тиквичка
- 2 морков
- 1 глава лук
- 1 скилидка чесън
- 1 дафинов лист
- 2 малки клонки домати
- 1 парче джинджифил
- 3 чаени лъжички зехтин
- 2 стръка кориандър или магданоз
- Сол и черен пипер

ИНСТРУКЦИИ

d) Подгответе зеленчуците. Първо обелете лука и чесъна и ги нарежете. След това обелете джинджифила и го нарежете на ситно. И накрая обелете морков, измийте тиквичките, извадете ги и ги нарежете на кубчета.

e) Задушете зеленчуците. Загрейте 2 чаени лъжички олио в тенджера, добавете половината лук и чесън и гответе около 3-4 минути. След това добавете джинджифила, дафиновия лист, морков и тиквичките и задушете малко.

f) Сварете лещата. След като задушите зеленчуците, добавете лещата. Покрийте с $\frac{3}{4}$ литър (750 ml) вода и гответе на слаб огън за 45 минути, докато лещата омекне, и я запазете.

МОНТИРАНЕ НА ПЛОЧАТА

g)Накрая измийте доматите и ги нарежете. Смесете ги с останалия лук и чесън и ги овкусете със сол, черен пипер и останалото масло. Разпределете лещата в 4 купички или купички и добавете доматения хаш и малко листа кориандър или магданоз.

h)А ако искате свеж и ултра бърз вариант, вместо да задушавате лещата, можете да я купите вече сварена и да си направите салата.

i) Зеленчуците трябва да ги задушите малко, но не много, за да останат ал денте. И ги смесете с вече сварената и отцедена леща и доматения хаш.

62. Яхния от черен боб от леща

СЪСТАВКИ

- 1 среден лук, нарязан
- 1 среден морков, нарязан
- 1 среден картоф, нарязан на кубчета
- 5 чаши вода
- 1 чаша сухи люспи от леща
- 1 чаша супа от черен боб Люспи
- 2 супени лъжици лют сос

ИНСТРУКЦИИ

a) Сложете лука и картофите в тенджера и ги оставете да се загреят с водата. Вари се 2 минути.

b) Добавете моркова. Вари се 2 минути.

c) Разбъркайте люспи. Свалете котлона, покрийте и оставете да се запари за 5 минути. Разбъркайте с лъжица и при необходимост добавете още вода.

d) Добавете лют сос и сервирайте.

63. Яхния от леща и тиква

Прави: 4

СЪСТАВКИ

- 225 г кафява леща, накисната
- 2 глави кафяв лук
- 750 мл зеленчуков бульон без пшеница
- 4 моркова
- $\frac{1}{2}$ маслена тиква
- 1 сладък картоф
- 2 бели картофа
- 1 пръчка целина
- Шепа пресен градински грах
- Шепа кресон
- 2 супени лъжици пресен копър
- 1 чаена лъжичка сос тамари

ИНСТРУКЦИИ

a) Донеси бульон и лук да заври в тиган.

b) Добавете леща, картофи, тиква и моркови и оставете да къкри за 15 минути.

c) Добавете целина, пресен грах, листа и копър.

64. Ашваганда Дал

Прави: 4

СЪСТАВКИ
ДАЛ (КЪРИ ЛЕЩА) СЪСТАВКИ

- 2 супени лъжици необработено органично кокосово масло
- 1 органична средна глава лук, малки кубчета
- био къри паста
- 2 супени лъжици диворастяща ашваганда
- 1 чаена лъжичка органични тамари или органични кокосови аминокиселини
- 1 чаена лъжичка органичен кленов сироп
- 1 чаена лъжичка органично пюре от тамаринд
- 1 среден органичен домат, нарязан
- ½ чаша органичен зелен или друг шарен боб, нарязан наполовина
- ¾ чаша органична червена леща (masoor dal)
- 3-4 чаши говежди костен бульон или течност по ваш избор
- 1 чаена лъжичка био мисо паста
- 2 стръка био кейл, нарязани
- ⅓ чаша органично кокосово масло или кокосово кисело мляко/кефир
- морска сол и био черен пипер на вкус
- прясно нарязан органичен кориандър и прясно изцеден органичен лимонов сок за сервиране

ПОДПРАВКИ ЗА ТЕМПЕРИРАНЕ

- 1 супена лъжица необработено органично кокосово масло
- 1 органично кашмирско или друго сушено чили
- 1 чаена лъжичка органични синапени семена
- 1 чаена лъжичка органични семена от сминдух
- 6 органични листа къри, сушени или пресни

ИНСТРУКЦИИ

a) Първо направете къри пастата. Поставете всички съставки за къри в кухненски робот: лайм, джинджифил, чесън, чили, кимион, листа от къри, лимонова трева, настърган кокос, морска сол и черен пипер. Добавете ½ чаша вода, за да го разредите. Блендирайте сместа за няколко минути, докато получите консистенция, подобна на паста, като спирате от време на време, за да изстържете страните. Добавете още няколко пръски вода, ако е необходимо, за да получите желаната консистенция. Прехвърлете готовата къри паста в малка купа и оставете настрана.

b) Направете дал (къри от леща). Загрейте кокосовото масло в голяма тенджера с дебело дъно на среден огън. Добавете лука и задушете, докато омекне и стане прозрачен, около 4 минути.

c) Добавете цялата къри паста и продължете да бъркате, за да покриете равномерно лука с нея. Разбъркайте, докато подправките се ухаят, около 30 секунди.

d)Добавете ашваганда, тамари, кленов сироп, тамаринд, домат, зелен фасул и червена леща и разбъркайте, за да ги покриете равномерно с маслото и подправките. Изстържете всички покафенели парчета от дъното на тенджерата. Овкусете сместа със сол и черен пипер. Налейте костния бульон и разбъркайте още няколко пъти, за да се смеси.

e)Покрийте съда с капак и го оставете да заври. Намалете котлона и гответе яхнията, покрита за около 30 минути или докато лещата се свари.

f)Междувременно темперирайте гарнитурата на подправките. В малък тиган за сотиране на средно силен огън загрейте кокосовото масло. Намалете топлината до средно ниска, след като започне да блести. Добавете кашмирското чили, синапените семена, семената от сминдух и листата къри. Оставете ги да престоят в горещото олио за около минута, като ги наблюдавате внимателно, за да не изгорят. След като семената се ухаят и пукат, отстранете ги от котлона и веднага оставете тигана настрана, за да избегнете изгарянето на подправките.

g)Досега вашият дал трябва да къкри и значително да е охладен. Свалете съда от огъня. Разбийте дала енергично, за да насърчите по-нататъшното разграждане на лещата. Добавете мисо пастата, кокосовото масло и нарязаното зеле и разбъркайте, докато зеле започне да повяхва от остатъчната топлина при готвене.

h)Внимателно сложете с лъжица темперираните подправки и олиото върху дала. Можете леко да го разбъркате, ако желаете. Можете също така да разпределите дала в купички за сервиране и след това да гарнирате темперираните подправки отгоре, ако желаете. Гарнирайте дала с пресен кориандър. Сервирайте го горещо с резенчета лимон и любимите си гарнитури.

65. Крем царевична яхния

Прави: 2 купички супа

СЪСТАВКИ
- 2 чаши прясно нарязани царевични зърна
- ¼ чаша пресен нарязан лук
- 1 скилидка чесън
- 1 супена лъжица кокосово масло
- 1 рецепта Основа за крем супа на растителна основа

ИНСТРУКЦИИ
a) Запържете царевицата , лука и чесъна в кокосовото масло за 5 минути в голям тиган.
b) В блендер смесете тази смес с охладената растителна основа за крем супа.
c) Сервирайте веднага.

66. Южна яхния от сукоташ

Прави: 4 порции

СЪСТАВКИ

- 10 унции темпе
- 2 супени лъжици зехтин
- 1 голяма глава сладък жълт лук, нарязан на ситно
- 2 средни червени картофа, обелени и нарязани на 1/2-инчови кубчета
- 14,5-унция консерва нарязани на кубчета домати, отцедени
- Опаковка от 16 унции замразен сукоташ
- 2 чаши зеленчуков бульон 2 супени лъжици соев сос
- 1 чаена лъжичка суха горчица
- 1 чаена лъжичка захар
- 1/2 чаена лъжичка сушена мащерка
- 1/2 чаена лъжичка смлян бахар
- 1/4 чаена лъжичка смлян кайен
- Сол и прясно смлян черен пипер

ИНСТРУКЦИИ

a) В средно голяма тенджера с кипяща вода гответе темпе за 30 минути. Отцедете, подсушете и нарежете на 1-инчови кубчета.

b) В голям тиган загрейте 1 супена лъжица олио на среден огън. Добавете темпето и гответе, докато покафенее от двете страни, около 10 минути. Заделени.

c) В голяма тенджера загрейте останалата 1 супена лъжица масло на среден огън. Добавете лука и гответе, докато омекне, 5 минути. Добавете картофите, морковите, доматите, сукоташа, бульона, соевия сос, горчицата, захарта, мащерката, бахара и лютия червен пипер. Подправете със сол и черен пипер на вкус. Оставете да заври, след това намалете котлона до минимум и добавете темпе. Оставете да къкри, покрити, докато зеленчуците омекнат, като разбърквате от време на време, около 45 минути.

d) Около 10 минути преди яхнията да е готова, разбъркайте течния дим. Опитайте на вкус, коригирайте подправките, ако е необходимо

РИБНИ И МОРСКИ ЯНВИЯ

67. Задушена солена риба

Прави: 6

СЪСТАВКИ

- 12 унции осолена треска/бакалао
- 1 глава лук, нарязана на ситно
- 1 телешки домат, нарязан на кубчета
- 1 чушка, нарязана
- 2 супени лъжици растително масло
- 3 пиперки, нарязани
- 1 люта чушка, наситнена
- $\frac{1}{4}$ чаена лъжичка черен пипер
- 4 скилидки чесън, счукани
- 4 остриета кориандър, нарязани
- 1 стрък целина, нарязан
- 2 лука, нарязани
- 1 супена лъжица люспи от мащерка
- Щипка сол

ИНСТРУКЦИИ

a) Покрийте солената риба с вода и я оставете да се накисва за около 20 минути, изцедете водата.

b) Загрейте олиото в съд.

c) Добавете вашите нарязани зеленчуци, включително люта чушка, пипер, чесън, лук, целина и лук.

d) Добавете солената риба в тенджерата.

e) Добавете останалите кориандър, домати и черен пипер.

f) След още пет минути варене отстранете от огъня.

68. Масло от треска пух яхния

Прави: 4 порции

СЪСТАВКИ

- $\frac{1}{2}$ килограм листа от таро, нарязани
- 2 стръка мащерка
- 1$\frac{1}{2}$ килограма осолена треска се нарязва на хапки и се изплаква обилно
- 2 стръка целина
- 2 моркова се нарязват
- 1 хлебен плод, обелен и нарязан на парчета
- Няколко стръка див лук, нарязан на ситно
- 1 чаена лъжичка куркума
- 1 зелена чушка, нарязана на ситно
- 2 глави лук се нарязват
- $\frac{1}{2}$ чаена лъжичка индийско орехче
- 2 супени лъжици пресен магданоз, нарязан на ситно
- 2 скилидки чесън се счукват
- 2 червени люти чушки се нарязват на ситно
- 1 супена лъжица пресен джинджифил, настърган на ситно
- $\frac{1}{2}$ чаша кокосово мляко
- 1 чаша тежка сметана
- Сол
- Пипер
- 3 супени лъжици рапично масло

ИНСТРУКЦИИ

a) В чугунен тиган сварете лука на средно слаб огън.

b) Добавете лютата чушка, чесъна, дивия лук, джинджифила, мащерката и магданоза и гответе, като разбърквате често, за една минута.

c) Хвърлете вътре хлебното дърво, морковите, зелената чушка, целината и листата таро.

d) Гответе 5 минути при непрекъснато бъркане на средно силен огън.

e) Добавете кокосовото мляко, тежката сметана, индийското орехче и куркумата.

f) Добавете сол и черен пипер за подправка.

g) Оставете да къкри 50 минути, докато сосът се редуцира.

69. Яхния от пъстърва за бавно готвене

Прави: 4 порции

СЪСТАВКИ
- 4 пъстърви
- 1 чаена лъжичка бахар
- 1 чаена лъжичка червен пипер
- 1 чаена лъжичка кориандър
- 2 супени лъжици зехтин
- 6 глави пресен лук, нарязани на едро
- 1 червена чушка, наситнена
- 2 домата, нарязани на едро
- 1 чаена лъжичка сушени люти чушки
- 1 чаена лъжичка мащерка
- 1 чаша рибен бульон
- сол и черен пипер на вкус
- хляб за сервиране

ИНСТРУКЦИИ
a) Смесете подправките и ги поръсете върху пъстървата.
b) Добавете пъстървата към сгорещено олио в тиган и гответе, докато покафенее.
c) Подредете го в съда за бавно готвене.
d) Добавете останалите съставки, заедно с всички останали подправки, и оставете да заври.
e) Гответе пъстървата за два часа.
f) Сервирайте с хляб.

70. Кафява задушена риба

Прави: 2 порции

СЪСТАВКИ
ЗА РИБИТЕ
- 1 чаена лъжичка розова сол
- 2 цели риби като скобар или папагал
- 1½ супена лъжица подправка за риба
- 1 чаена лъжичка черен пипер

ЗА КАФЯВИЯ СОС ОТ ЯХНИЯ
- 8 стръка мащерка
- 8 плодчета пименто
- ½ червена чушка, нарязана
- ½ портокалова чушка
- 1 среден морков жулиен
- 1½ супени лъжици домашен браунинг сос
- 1 чаена лъжичка подправка за риба
- зехтин за пържене
- 1 глава лук, нарязана
- 2 лука, нарязани
- 4 скилидки чесън, наситнени
- 3 супени лъжици доматено пюре
- 2 супени лъжици масло без млечни продукти
- 1½ чаши гореща вода

ИНСТРУКЦИИ
a) Натрийте рибата от двете страни с подправка за риба, черен пипер и сол.
b) Сложете олиото в голям незалепващ тиган или тиган и го загрейте, докато се нагорещи.

c) Поставете рибата в тигана, намалете котлона до среден и запържете от двете страни.

d) Изцедете маслото, преди да върнете тигана на огъня.

e) Добавете 2 чаени лъжички олио в тигана и задушете за 2 до 3 минути с лука, чесъна, чушките, моркова, лука, пимента, мащерката и скоча.

f) Добавете водата, соса за покафеняване и 1 чаена лъжичка подправка за риба.

g) Накрая добавете рибата и я намажете с масло, за да се разтопи в ястието.

h) Покрийте съда и оставете да къкри за 10 минути.

i) Поливайте рибата редовно, за да позволите на соса да се влее в рибата.

j) Сервирайте и се наслаждавайте.

71. Яхния от калмари и копър

Прави: 4

СЪСТАВКИ

- 3 супени лъжици екстра върджин зехтин, плюс допълнително за поливане
- 1 глава лук, обелена и нарязана на кубчета
- 4 скилидки чесън, обелени и нарязани на ситно
- 1 малка луковица копър, подрязана и нарязана на ситно
- ½ чаена лъжичка лют червен пипер
- 2 супени лъжици семена от копър
- 1 чаена лъжичка сладък пушен червен пипер
- 3 стръка розмарин, листа нарязани на ситно
- 150 мл сухо бяло вино
- 2 x 400 г кутии нарязани домати
- 600 г почистени калмари или смес от почистени калмари и обелени скариди
- 2 кутии по 400 г маслен боб, отцеден и изплакнат
- 100 г маслини Каламата без костилки Малка шепа плосък лист магданоз, едро нарязан
- Морска сол и прясно смлян черен пипер

ИНСТРУКЦИИ

а) Поставете голям тиган с незалепващо покритие на средно висока температура. Когато се сгорещи, добавете олиото и лука и задушете за 2-3 минути. Добавете чесъна и запържете още 2 минути. Добавете нарязания копър, чилито, семената от копър, червения пипер и розмарина и гответе 3-4 минути.

b)Увеличете топлината до висока, добавете виното и го оставете да намали наполовина, преди да добавите доматите в тигана. Оставете да заври и гответе 10 минути.

c)Междувременно пригответе вашите калмари. Отрежете дългата страна на всяка тръба от калмари и я отворете навън. С помощта на остър нож нарежете леко вътрешността на месестата част, след което нарежете на парчета от 5-7 см.

d)Добавете калмарите в тигана и гответе 5-6 минути, като разбърквате от време на време.

e)Добавете масления боб и маслините и гответе още 2-3 минути. Подправете на вкус, свалете от котлона и разбъркайте с магданоза.

f)Разпределете яхнията в топли купички, поръсете с екстра върджин зехтин и сервирайте с хрупкав хляб и обикновена салата.

72. Рибна яхния с чили

Прави: 4

СЪСТАВКИ

- 1 глава лук, наситнена
- 2 луковици копър, нарязани
- 1 червена люта чушка, нарязана на ситно
- 1 консерва сливи домати
- 6 супени лъжици зехтин
- 1 чаена лъжичка семена от копър, смлени
- 2 скилидки чесън, счукани
- 1 lb. филе от бяла риба
- 3 унции препечени бадеми, смлени
- 3 унции зеленчуков бульон
- $\frac{1}{2}$ чаена лъжичка сладък червен пипер на прах
- 1 супена лъжица пресни листа от мащерка
- 1 чаена лъжичка шафранови нишки
- 3 пресни дафинови листа
- Киноа и пролетни зеленчуци
- 1 лимон, нарязан на резени

ИНСТРУКЦИИ

a) Задушете лука, копъра, чилито, натрошените семена от копър и чесъна.

b) Добавете червен пипер, мащерка, шафран, дафинови листа и домати.

c) Оставете да къкри със зеленчуковия бульон.

d) Добавете рибата/тофуто към яхнията, заедно с бадемите.

е)Сервирайте със зеленчуци, киноа и резенчета лимон.

73. Рибена яхния

Прави: 8

СЪСТАВКИ
- 32 унции може да нарязани на кубчета домати
- 2 супени лъжици зехтин
- $\frac{1}{4}$ чаша нарязана целина
- $\frac{1}{2}$ чаша рибен бульон
- $\frac{1}{2}$ чаша бяло вино
- 1 чаша пикантен сок V8
- 1 нарязана зелена чушка
- 1 нарязан лук
- 4 смлени скилидки чесън
- Посолява се черен пипер на вкус
- 1 чаена лъжичка италианска подправка
- 2 обелени и нарязани моркови
- 2 $\frac{1}{2}$ фунта нарязана тилапия
- $\frac{1}{2}$ килограм обелени и без жилки скариди

ИНСТРУКЦИИ
a) В големия ти съд първо загрейте зехтина.

b) Гответе чушката, лука и целината за 5 минути в горещ тиган.

c) След това добавете чесъна. Гответе 1 минута след това.

d) В голяма купа за смесване комбинирайте всички останали съставки с изключение на морските дарове.

e) Гответе яхнията 40 минути на слаб огън.

f) Добавете тилапията и скаридите и разбъркайте, за да се комбинират.

g) Оставете да къкри още 5 минути.

h) Опитайте и коригирайте подправките преди сервиране.

74. Китайска яхния

Прави: 8 порции

СЪСТАВКИ

- Риба, омар или рак
- целина
- боб
- 1 чаша ориз, варен
- гъби
- фъстъци
- масло
- лук
- броколи

ИНСТРУКЦИИ

a) На уок тиган загрейте олио на среден огън.

b) Запържете лука, след това целината и гъбите. Извадете всеки един.

c) След това запържете при разбъркване боба, броколите и фъстъците.

d) Добавете първата партида, след това добавете вашата риба.

e) Накрая добавете 1 чаша ориз и гответе на пара за 1 минута.

f) Сервирайте.

75. Бахамска рибена яхния

Прави: 4 порции

СЪСТАВКИ

- 4 чаши вода
- 1 чаена лъжичка сол
- 2 Картофа; Обелени, разполовени и нарязани на кубчета
- 1 чаена лъжичка масло
- ½ чаша нарязани моркови
- 4 резена бекон
- 2 малки пресни или мариновани чушки Табаско
- ¼ чаена лъжичка смлян черен пипер
- 1 глава лук, нарязана на ситно
- 1½ паунда обезкостено филе от камбала или лаврак
- ½ чаша нарязана целина

ИНСТРУКЦИИ

a) Оставете водата да заври в голяма тенджера, след което добавете картофите, лука, бекона, солта, черния пипер и смлените люти чушки.

b) Добавете целина или моркови.

c) Сварете внимателно картофите, докато омекнат, след което добавете сьомгата.

d) Намалете котлона и оставете ястието да къкри, докато рибата е готова.

e) Ако желаете, добавете малко масло, коригирайте подправките и сервирайте веднага.

76. от скариди и тиква

Прави: 4 порции

СЪСТАВКИ

- 2 глави лук, нарязани
- 2 моркова, нарязани на ситно
- 1 супена лъжица нарязан пресен кориандър
- 2 супени лъжици настърган пресен джинджифил
- 2 скилидки чесън, смлени
- ½ чаена лъжичка смлян бахар
- 2 супени лъжици зехтин
- 14-унция кутия пилешки бульон
- 15-унция кутия тиква
- 1½ чаши мляко с намалено съдържание на мазнини
- Опаковка от 8 унции замразени, обелени и размразени варени скариди
- Пресни скариди с черупки, обелени, почистени и сварени
- Нарязан пресен див лук

ИНСТРУКЦИИ

a) Гответе лука, морковите, кориандъра, джинджифила, чесъна и бахара в загрято олио в тенджера на среден огън за 14 минути или докато зеленчуците омекнат.

b) Прехвърлете сместа в купата на кухненски робот.

c) Добавете ½ чаша пилешки бульон.

d) Обработете до почти гладкост.

e)Комбинирайте тиквата, млякото и останалия бульон в същата тенджера.

f)Добавете 8 унции скариди и комбинираната зеленчукова смес и гответе.

g)Разсипете яхнията в съдовете.

h)Гарнирайте с нарязан див лук.

77. Яхния от омар с пикантни пърленки

Прави: 4 порции

СЪСТАВКИ

- 1 супена лъжица зехтин
- 1 килограм чоризо наденица, нарязана
- 2 чаши лук, жулиен
- 8 чаши омар, скариди или рибен бульон
- 12 цели скилидки чесън, обелени
- 2 зелени люти чушки, нарязани на тънки кръгчета
- 3 чаши грубо нарязани асорти от зеленчуци, като люспи, горчица, ряпа, манголд, глухарче, зеленчуци от цвекло или спанак
- 2 чаши нарязани домати
- 3 портокала, изцедени
- 2 бодливи или мейнски омари, нарязани наполовина
- Сол
- Счукан червен пипер на люспи
- $\frac{1}{2}$ чаша кокосово мляко
- 2 супени лъжици ситно нарязани пресни листа от кориандър
- 1 рецепта за пикантни пържени
- 1 рецепта майонеза с червен пипер

ИНСТРУКЦИИ

а) Изсипете 1 супена лъжица зехтин в голяма тенджера и я загрейте на среден огън.

b)Добавете наденицата и лука и гответе две минути.

c)Оставете да заври, като разбърквате бульона, чесъна и лютите чушки.

d)Оставете да къкри 60 минути.

e)Добавете половинките омар, зеленчуците, доматите и портокаловия сок и подправете със сол и люспи от червен пипер.

f)Оставете да къкри 30 минути.

g)Добавете кокосовото мляко и кориандъра и разбъркайте.

h)Поставете половината омар във всяка малка купа.

i) Сервирайте омарите с бульона отгоре.

j)Добавете пърленки и капка майонеза като гарнитура.

78. Скумрия Rundown

Прави: 3-4

СЪСТАВКИ
- 2 килограма сол скумрия
- $1\frac{1}{2}$ кутия кокосово мляко
- 1 глава лук, нарязана
- 2 скилидки чесън
- 2 стръка лук
- 1 зелен пипер Scotch Bonnet
- 2 домата, нарязани
- 3 стръка мащерка
- Сол
- Черен пипер

ИНСТРУКЦИИ
a)Сварете скумрията за 35 минути във вряща вода.

b)Отцедете и нарежете скумрията на парчета.

c)В тиган сварете кокосовото мляко, докато се сгъсти на крем и маслото се отдели от крема.

d)Добавете скумрията, след което я гответе 10 минути на умерен огън.

e)Подправете ястието със сол и черен пипер на вкус.

f)Разбъркайте, покрийте и оставете да къкри още десет минути на слаб огън.

79. от скариди в гърне

Прави: 10

СЪСТАВКИ
- Пакет от 10 унции замразена бамя, нарязана
- 1 чаша крем от кокос, от консерва
- 10 резена лайм
- 1 чаша пресен спанак, нарязан
- 1/2 чаена лъжичка розмарин, счукан
- 1/4 чаена лъжичка смлян чесън
- 1/4 чаша смлян лук
- 1 чаена лъжичка сол
- 1/2 чаена лъжичка листа от мащерка, счукани
- 1/2 чаена лъжичка майорана, счукана
- 1 щипка червен пипер, смлян
- 1 чаша зелена чушка, почистена от семена, нарязана
- 6 чаши пилешки бульон
- 2 килограма скариди, обелени, почистени

ИНСТРУКЦИИ
a) Напълнете тенджера с бамя, спанак, зелена чушка, смлян лук, сол, майорана, розмарин, смлян чесън, червен пипер и пилешки бульон.
b) Оставете да заври.
c) Намалете топлината, покрийте и оставете да къкри за 30 минути.
d) Добавете кокосовото мляко и скаридите.
e) Оставете да къкри за 5 минути или докато скаридите са готови.

f) Сервирайте с резени лайм като гарнитура.

80. Яхния с рибен чай

Прави: 3 порции

СЪСТАВКИ

- 580 гр. Прясна риба, измита в оцет
- 100 г тиква, обелена и нарязана
- 240 г Жълт ямс Обелен и нарязан
- 40 г нарязан лук
- 35 г лук нарязан
- 160 г Чочо/Чайот, нарязан
- 1 шотландска чушка
- 100 г Бамя Нарязана на две части
- 70 г моркови на кубчета
- 1½ чаена лъжичка сол или на вкус
- 2 скилидки чесън Ситно нарязани
- 3 стръка мащерка
- 5 плодове бахар/бахар
- 1 пакет Рибен чай с юфка
- 4½ чаши вода

ДА ИЗМИЕМ РИБИТЕ

- 1 Лимон или лайм За измиване на рибата
- 1 чаена лъжичка оцет За измиване на рибата
- вода

ИНСТРУКЦИИ

a) Сложете рибата, 2½ чаши вряла вода, лука, чесъна, лука и една чаена лъжичка сол в тенджера.

b) Намалете топлината до средна и оставете да заври за 10 до 15 минути или докато омекне.

c) Извадете сварената риба от тенджерата, след което я обезкостете.

d) Добавете достатъчно вода заедно с моркова, ямса, тиква, чочо, мащерка, пименто и черен пипер.

e) Покрийте и загрейте до кипене.

f) Добавете четири супени лъжици студена вода към сместа.

g) Покрийте и гответе за 30 до 35 минути на среден до слаб огън.

h) Добавете рибата и бамята по средата. Извадете мащерката и дръжките на чушката и сервирайте.

ЯХНИИ ОТ ДИВЕЧ

81. от абит и фъстъци

Прави: 6 порции

СЪСТАВКИ
- 2 унции Солено свинско, нарязано на кубчета
- $2\frac{1}{2}$ паунда на Заешко месо, почистено и нарязано на хапки
- $\frac{1}{4}$ чаена лъжичка Смлян майоран
- 1 стрък магданоз
- Сол
- 1 лук, нарязан
- 1 скилидка чесън, наситнена
- 2 чаши Пилешки бульон
- $\frac{1}{2}$ чаша Фъстъчено масло
- $\frac{1}{4}$ чаена лъжичка Мляно индийско орехче
- 1 дафинов лист
- $\frac{1}{4}$ чаена лъжичка Смляна мащерка
- Пипер
- 2 люти чушка Серано
- Сос от люти чушки

ИНСТРУКЦИИ
a) Разтопете осолено свинско в тенджера.

b) Отстранете шкварката и сварете заека в разтопена мазнина.

c) Разбъркайте лука и чесъна, след което гответе, докато омекнат.

d) Добавете бульона заедно с дафиновия лист, мащерката, майораната, магданоза, сол и черен пипер на вкус.

e) Гответе заека покрит на слаб огън, докато омекне, около 1 час.

f) Отцедете 2 чаши от течността за готвене.

g) Смесете или обработете 1 чаша от него с лютите чушки, фъстъченото масло и индийското орехче, докато стане гладка.

h) Разбъркайте втората чаша течност за готвене, след което оставете да къкри сместа с фъстъчено масло за 15 минути.

i) Добавете парчетата заек и гответе 3 минути.

82. Заешка яхния в домати

Прави: 5

СЪСТАВКИ

- 1 пълен заек , нарязан на хапки
- 1 дафинов лист
- 2 големи глави лук
- 3 скилидки чесън
- 2 супени лъжици зехтин
- 1 супена лъжица сладък червен пипер
- 2 стръка пресен розмарин
- 1 консерва домати
- 1 стрък мащерка
- 1 чаша бяло вино
- 1 супена лъжица сол
- 1 супена лъжица черен пипер

ИНСТРУКЦИИ

a) В тиган загрейте зехтина на средно силен огън.

b) Загрейте олиото и добавете заешките хапки. Пържете до равномерно зачервяване на парчетата.

c) Премахнете го, след като приключи.

d) Добавете лука и чесъна в същия тиган. Гответе докато омекне напълно.

e) В голяма купа за смесване смесете мащерката, червения пипер, розмарина, солта, черния пипер, доматите и дафиновия лист. Оставете 5 минути за готвене.

f) Залейте заешките хапки с виното. Гответе, покрити, в продължение на 2 часа или докато заешките парчета се сварят и сосът се сгъсти.

g) Сервирайте с пържени картофи или препечен хляб.

83. Еленска яхния

СЪСТАВКИ

- 1 голяма чушка поблано
- 1 до 2 чушки халапеньо
- 6 пресни доматилос, отстранени люспите
- 1½ чаши (375 мл) нарязан бял лук (1 голяма глава лук)
- 1 ч.л. (5 мл) смлян кимион
- 2 супени лъжици. (30 мл) зехтин
- 4 кочана прясна царевица
- 3 скилидки чесън, смлени
- 4 чаши (1 л) пилешки бульон или бульон от пилешки кости
- ²/₃ чаша (150 мл) пресен сок от лайм (около 7 лайма)
- 1½ ч.л. (7 мл) сол
- 1 ч.л. (5 мл) смлян черен пипер
- 1½ паунда (680 g) пилешки бутчета или гърди с кожа и кости, нарязани на парчета от 1 инч (2,5 cm)

ИНСТРУКЦИИ

а) Загрейте фурната до 425°F (220°C). Подредете първите 3 съставки върху голяма тава с ръбове, покрита с алуминиево фолио. Печете на 425°F (220°C) за 25 минути или докато зеленчуците омекнат и люспите започнат да се образуват мехури, като обръщате чушките на всеки 5 минути. Извадете зеленчуците от фурната; прехвърлете чушките в малка купа. Покрийте купата с пластмасова обвивка и оставете да престои 20 минути. Оставете доматилосите да стоят върху лист за печене, докато изстинат достатъчно, за да се справят. Нарежете едро доматите и ги поставете в средно голяма купа.

b)След като чушките престоят 20 минути, обелете ги, почистете ги и нарежете; добавете към tomatillos.

c)Запържете лука и кимиона в горещ зехтин в 6-литрова (6-L) неръждаема стомана или емайлирана холандска фурна на средно висока температура за 12 минути или докато лукът омекне.

d)Нарежете връхчетата на царевичните зърна в голяма купа; изстържете млякото и останалата каша от кочаните. Добавете царевица и чесън към лука в холандска фурна; гответе, като разбърквате непрекъснато, 5 минути. Разбъркайте нарязаните чушки, нарязаните домати, пилешкия бульон и следващите 3 съставки.

e)Оставете да заври; намалете топлината и оставете да къкри, непокрито, 5 минути, като разбърквате често. Разбъркайте пилешкото месо. Оставете да заври на силен огън; ври 5 минути. Свалете от огъня.

f)Налейте гореща супа от бульон в горещ буркан, оставяйки 1 инч (2,5 см) свободно пространство. Отстранете въздушните мехурчета. Избършете ръба на буркана. Централен капак на буркана. Поставете лентата и я нагласете така, че да приляга с върха на пръста. Поставете буркана върху решетката в контейнер под налягане, съдържащ 2 инча (5 см) кипяща вода при 180°F (82°C). Повторете, докато се напълнят всички буркани.

g)Поставете капака върху консервната кутия и я завъртете в заключено положение. Регулирайте топлината на средно висока. Изпускайте пара за 10 минути.

h)Поставете противотежестта или измервателния уред върху отдушника; повишете налягането до 10 фунта (4,5 kg) (psi) за консервна кутия с претеглен габарит или 11 фунта (454 g) s (psi) за консервна кутия с циферблат.

i) Обработвайте буркани от 1 пинта (500 ml) за 1 час и 15 минути или буркани от 1 литър (1 L) за 1 час и 30 минути. Изключете топлината; охладете консервната кутия до нулево налягане. Оставете да престои още 5 минути, преди да махнете капака.

j)Охладете бурканите в консервна кутия за 10 минути. Извадете бурканите и охладете.

84. Смлян бизон и зеленчукова яхния

Порции: 5-6

СЪСТАВКИ

- 1 lb. земни бизони
- 1-2 супени лъжици масло от авокадо
- 3 големи моркова (2 чаши), нарязани
- 3 стръка целина (1 чаша), нарязани
- 2 големи бели сладки картофа (2 чаши), нарязани
- 1/2 чаена лъжичка сол
- 2 супени лъжици куркума
- 3 чаши пилешки бульон
- 1 1/2 чаши маслена тиква, пюрирана
- 3 чаши зеле, нарязани
- Пресен магданоз, топинг (по желание)

ПОСОКА

a) Загрейте голям тиган на среден огън и добавете смления бизон, начупен на парчета. След като месото е готово, извадете го от тигана и го оставете настрани.

b) Загрейте маслото от авокадо в голяма тенджера на среден огън. След като се сгорещи, добавете нарязаните моркови и целина. Запържете за около 8 минути.

c) Добавете белите сладки картофи, солта и куркумата и смесете съставките. Продължете да готвите съставките на среден огън, като разбърквате периодично, още 10 минути или докато зеленчуците омекнат малко.

d) Добавете бульона, пюрирана тиква, зеле и бизон. Разбъркайте всички съставки заедно и поставете на слаб до среден огън, оставяйки яхнията да къкри за около 30 минути.

e) След като яхнията е готова, сервирайте топла и поръсете с пресен магданоз по желание.

85. Фирма Еленска яхния

СЪСТАВКИ

- 6 унции постна сланина
- $\frac{3}{4}$ с. брашно $\frac{1}{2}$ т. брашно t. пипер
- 3 паунда 4 унции. еленско месо, на кубчета
- 1 lb. лук, нарязан
- 1 lb. моркови, нарязани на едро
- 1 голяма консерва зрели маслини без костилки
- 3$\frac{1}{2}$ с. телешки бульон
- червено вино
- 1 Т. оцет
- 3 унции доматена паста
- 1 скилидка чесън, смлян
- $\frac{3}{4}$t. мащерка, счукана
- 1 дафинов лист
- ° С. магданоз, наситнен

ПОСОКА

a) Смесете брашното, солта и черния пипер и издълбайте еленските кубчета. В голям глинен съд наредете бекон, кубчета еленско месо и зеленчуци.
b) Смесете телешкия бульон и останалите съставки. Изсипете всичко и оставете да къкри на висока температура за 8-12 часа или докато вилицата омекне.

86. Яхния от диво прасе с боровинки

СЪСТАВКИ

- 1 килограм диво прасе (нарязано на кубчета, плешка или бут)
- 1 1/2 супени лъжици растително масло
- 1 глава лук (ситно нарязана)
- 2 моркова
- 1 портокал (органичен)
- 1 скилидка чесън
- 1 скилидка
- 1 пръчка канела
- 4 плодове от хвойна
- 2 щипки индийско орехче
- 2 дафинови листа
- 2 супени лъжици коняк
- червено вино (1л.)
- 4 супени лъжици телешки бульон
- 2 супени лъжици сладко от боровинки
- 200 грама пресни боровинки
- 2 супени лъжици брашно (по желание)
- пилешки бульон

ПОСОКА

a) Запържете нарязаното на кубчета месо в тиган с олиото, след това извадете месото и го оставете настрана.

b) В същия тиган задушете лука (нарязан на ситно) и морковите.

c) Добавете портокаловата кора, счукания чесън, скилидките, пръчицата канела и плодовете от хвойна, след това подправете със сол и черен пипер, поръсете с индийско орехче и добавете букет гарни.

d)Върнете месото в тенджерата и добавете ракията, по желание фламбирайте.

87. Заешки креолски

СЪСТАВКИ

- 1 голям, млад или възрастен заек, на четвъртинки
- 1 консерва пилешки бульон или кубче бульон, смесени с вода
- или друга течна напитка
- 1 консерва доматен сос или супа
- 1 средно голяма глава лук, нарязана или нарязана
- $\frac{1}{2}$ супени лъжици смлян или $\frac{1}{2}$ чаени лъжички чесън на прах
- 2 чаени лъжички пипер сос или люти чушки
- Сол, черен пипер, кориандър и други подправки по избор

ПОСОКА

a) Смесете бульон и подправки в яхния или глинен съд,

b) или тиган за печене.

c) Добавете заешко месо.

d) Гответе бавно до готовност.

e) Съвет: Идеален за сервиране върху ориз и боб.

ПТИЧЕ ЯГНИИ

88. Карибска пилешка яхния

Прави: 1 порция

СЪСТАВКИ
- 3 супени лъжици Несолено масло
- 3½ паунда Пържени пилета, нарязани на парчета за сервиране
- 2 супени лъжици Пресен джинджифил, смлян
- ¼ чаена лъжичка Смлян кардамон
- 3 ряпи, обелени и нарязани на кубчета
- 1 пресен пипер хабанеро, халапеньо или серано, почистени и смлени
- Сол на вкус
- 1 супена лъжица къри на прах
- 1 ч.л Смляна куркума
- ¼ чаена лъжичка Смлян бахар
- 2 Глави лук, нарязани на филийки
- ¾ чаша Пилешки бульон

ИНСТРУКЦИИ
a) В голяма тенджера за супа на средно силен огън разтопете половината масло.
b) Гответе пилето за 8 до 10 минути, за да покафенее и от двете страни.
c) Добавете пипера и джинджифила.
d) Посолете на вкус и разбъркайте с останалите подправки.
e) Добавете лук, ряпа и ½ чаша бульон.
f) Покрийте и бавно сварете пилето за 40 минути, или докато стане напълно готово.

д) Добавете останалото масло към соса и наредете пилето с ориз.

89. Патешка яхния с кнедли

Прави: 4 порции

СЪСТАВКИ

- 1 супена лъжица зехтин
- 6 супени лъжици ситно нарязан лук
- $\frac{1}{4}$ чаша ситно нарязана целина
- $\frac{1}{4}$ чаша ситно нарязани моркови
- $\frac{1}{4}$ чаша ситно нарязан пащърнак
- $\frac{1}{4}$ чаша ситно нарязана ряпа
- 2 чаши ситно нарязано сурово патешко месо
- 2 супени лъжици обелени; почистени от семена, нарязани домати,
- 2 супени лъжици нарязан пресен босилек
- 4 супени лъжици смлян чесън
- 3 чаши патешки бульон
- $1\frac{1}{2}$ чаена лъжичка сол
- 1 прясно смлян черен пипер
- 1 яйце
- $\frac{1}{4}$ чаша бира
- $\frac{1}{2}$ чаша брашно
- $\frac{1}{2}$ чаена лъжичка бакпулвер

ИНСТРУКЦИИ

а)В голяма тенджера загрейте маслото на висока температура. Добавете 4 супени лъжици лук, целина, моркови, пащърнак и ряпа и задушете 2 минути. Добавете патешко месо, домати, босилек и 1 супена лъжица чесън. Разбъркайте бульона и 1 чаша студена вода; подправете с 1 чаена лъжичка сол и 3 оборота на мелницата за черен пипер и оставете да заври.

b)Намалете топлината до кипене, покрийте и гответе 25 минути, докато патицата се сготви и омекне. В купа комбинирайте яйце, бира, останалата 1 чаена лъжичка чесън, останалата $\frac{1}{2}$ чаена лъжичка сол, 2 оборота черен пипер, 2 супени лъжици лук, брашно и бакпулвер в купа; разбийте тестото до гладкост. Открийте яхнията, увеличете котлона, докато шупне бързо и добавете около 16 лъжици тесто с размер на топка за голф, за да се задуши.

c)Гответе кнедли 2 минути, намалете топлината до кипене и гответе още 1 минута. За да сервирате, налейте яхния във всяка от 4 плитки топки за супа и покрийте всяка порция с 4 до 5 кнедли.

90. Пилешка яхния със сладки картофи

Прави: 8

СЪСТАВКИ
- Кафяв ориз (горещ и сварен), както желаете
- Лют пипер 1/4 чаена лъжичка
- Сушена мащерка (разделена) 1/2 ч.л
- Фъстъчено масло (кремообразно) 1/4 чаша
- Пилешки бульон (с намалено съдържание на натрий) 1 чаша
- Сладък картоф, голям (обелен и нарязан на 1-инчови кубчета) 1
- Смлени домати 3 ½ чаши
- Черноок грах (отцеден и изплакнат) 2 чаши
- Пресен корен от джинджифил (смлян) 2 с.л
- Скилидки чесън (смлени) 6
- Лук, среден (нарязан на ситно) 1
- Масло от канола (разделено) 3 ч.л
- Пипер 1/4 ч.л
- Сол 1/2 ч.л
- Пилешки гърди (без кожа, без кости и на кубчета) 2 чаши

ИНСТРУКЦИИ
a) Поръсете малко черен пипер и сол върху пилето. Гответе пилето на среден огън в две чаени лъжички олио за 5 минути в холандска фурна, докато пилето вече не е розово; Извадете пилето от фурната и го оставете настрана.

b) В същия тиган запържете лука в останалото олио, докато омекне. Добавете джинджифила и чесъна; гответе още една минута.

c) Разбъркайте в него кайен, $1\frac{1}{4}$ чаена лъжичка мащерка, фъстъчено масло, бульон, сладки картофи, домати и грах.

d) Сварете ги и намалете котлона; покрийте го и оставете да къкри за 15 до 20 минути, докато картофите омекнат. Добавете пилето и го загрейте правилно.

e) По желание сервирайте с ориз. Поръсете с останалата мащерка.

91. Яхния от Бавария

Прави: 4

СЪСТАВКИ

- 1 печени обезкостени гърди, нарязани на хапки
сол и смлян черен пипер на вкус
- 2 супени лъжици масло или маргарин
- 1 средно голяма глава лук, нарязана на ситно
- 1 килограм кисело зеле, отцедено
- 1 консерва (16 унции) сос от цели ягоди от
червени боровинки
- 1 голяма ябълка, обелена, почистена от
сърцевината и нарязана на филийки
- $\frac{1}{2}$ чаша смлени орехи (по желание)

ИНСТРУКЦИИ

a) Подправете парчетата гърди със сол и черен
пипер. В огнеупорен гювеч или холандска фурна
на среден огън разтопете маслото.

b) Добавете пилето и лука. Запържете до леко
покафеняване, около 5 минути.

c) В купа смесете киселото зеле, боровинковия сос
и ябълките. Сложете с лъжица пилето и лука и
разбъркайте внимателно.

d) Покрийте и оставете да къкри на средно слаб
огън за 20 минути.

e) Поръсете с орехи непосредствено преди
сервиране.

92. Яхния от пиле и манголд

Прави: 5

СЪСТАВКИ

- 4 обезкостени пилешки бутчета без кожа, нарязани
- 14 унции кокосово мляко, неподсладено
- 2 супени лъжици зехтин (екстра върджин)
- 1 нарязан лук
- 1 супена лъжица смлян чесън
- 1 супена лъжица нарязан пресен джинджифил
- 1 чаена лъжичка кориандър на прах
- 1 чаена лъжичка червен пипер
- 1 чаена лъжичка куркума на прах
- 1 чаена лъжичка кимион на прах
- 4 нарязани домата
- сол
- черен пипер, смлян
- 6 чаши нарязан пресен манголд
- 2 супени лъжици. прясно изцеден лимонов сок

ИНСТРУКЦИИ

a) В тиган загрейте олиото на силен огън и запържете лука за 3-4 минути.

b) Запържете за 1 минута с джинджифил, чесън и подправки.

c) Гответе около 4-5 минути след добавяне на пилето.

d) Оставете доматите, кокосовото мляко, солта и черния пипер да заврят на слаб огън.

e) Намалете котлона до минимум и продължете да готвите, покрито, за около 10-15 минути.

f) Гответе около 4-5 минути, след като добавите манголда.

g) Свалете тигана от котлона и добавете лимоновия сок.

93. Къмпинг пилешка яхния

СЪСТАВКИ

- 1 lb обезкостени пилешки гърди без кожа, нарязани на кубчета
- 2 кутии пилешка крем супа
- 1-2 чаши бейби моркови
- 1 консерва малки картофи
- 1 консерва зеленчуци (грах, зелен фасул или микс)
- 1 нарязан лук
- масло
- сол/пипер на вкус

ИНСТРУКЦИИ

- Намажете холандска фурна с олио и изпечете пилето до побеляване от всички страни.
- Добавете останалите съставки, покрийте и гответе върху въглища, докато пилето се свари и морковите омекнат, около 20-30 минути.

94. Виетнамско пиле

СЪСТАВКИ

- 1 lb. пилешки бутчета
- 1 lb. пилешки бутчета
- 1 супена лъжица Мадрас къри
- 1 ч. л. лук на прах
- 1 ч. л. чесън на прах
- 1 чаена лъжичка кошер сол
- Прясно смлян пипер
- 1 глава лук, наситнена
- 3-4 скилидки чесън, смлени
- 2 стръка лимонена трева, нарязани на парчета от 2 инча.
- 1 супена лъжица джинджифил, смлян
- 2 супени лъжици рибен сос
- 1 супена лъжица захар
- 3 супени лъжици Мадрас къри
- 1 чаша пилешки бульон
- 1 кутия кокосово мляко
- 3 моркова, нарязани на парчета от 1 инч
- 4-5 златни картофа Yukon, нарязани на 1 инчови парчета

НАПРАВЛЕНИЯ

а) За мариноване на пилето: Добавете пилето в купа и мариновайте с 1 супена лъжица мадраско къри, лук на прах, чесън на прах и кашер сол. Оставете го да се маринова поне 15 минути, докато подготвите останалите съставки.

b)В инстантния съд натиснете бутона за задушаване и настройте на настройката „още". Оставете го да стане горещо.

c)Добавете зехтина и добавете нарязания лук и гответе няколко минути, за да покафенее лукът. Добавете джинджифил, чесън. Разбъркайте добре с месото. Добавете останалите съставки и само половината от кокосовото мляко. Покрийте и натиснете бутона за месо/задушаване и задушете за 20 минути.

d)След като мигновената тенджера е готова, отдушете или я оставете да се разхерметизира естествено, след това махнете капака и изсипете останалото кокосово мляко. Подправете със сол на вкус. Сервирайте с френска багета. Наслади се!

e)

95. Яхния от снежна гъска

СЪСТАВКИ

- 2 паунда месо от СНЕЖНА ГЪСКА, нарязано на кубчета
- 2 пакета пресни лингвини или фетучини
- 1-килограмова скарида, голяма, неварена, обелена
- 2 големи италиански колбаса, пикантни, нарязани
- 1 чаша гъби, нарязани
- 4 шалот, нарязани
- 1 консерва крем супа от гъби, кондензирана
- 1 червена чушка, наситнена
- 3/4 чаша настърган пармезан
- 1 чаена лъжичка чубрица

НАПРАВЛЕНИЯ

a) Задушете заедно гъшето месо и колбасите за 5 минути в тиган.

b) Изцедете.

c) Сложете гъбената супа в тенджера. Добавете гъска и наденица. Разбъркайте. Добавят се гъбите, шалотът, червеният пипер и чубрицата. Разбъркайте. Задушава се на слаб огън.

d) Добавете течност (вода/вино), ако е необходимо. Ако се използват пресни гъби, ще се отдели достатъчно течност. Оставете да къкри поне 30 минути, за да завършите готвенето и смесването на вкусовете.

e) Добавете скариди, гответе, без да кипнете, още 3-5 минути. 15 минути преди сервиране пригответе макароните.

f) Поставете пастата в голяма купа. Покрийте с яхния и поръсете с пармезан.

96. Яхния от пилешки крака

Прави: 5

СЪСТАВКИ

- 2 килограма пилешки крака
- 2 супени лъжици оцет
- 2 галона вода
- 1 чаена лъжичка сол
- 1 чаена лъжичка черен пипер
- 5 скилидки чесън, наситнени
- $\frac{1}{2}$ паунд тиква на кубчета
- 1 картоф
- $\frac{1}{2}$ фунт карибски ямс, обелен и нарязан на кубчета
- 2 моркова
- 2 ряпа
- 1 Чо-Чо чайот
- Рецепта за $\frac{1}{2}$ варени кнедли
- 1 стрък мащерка
- 1 стрък лук, нарязан на ситно
- 1 пакет яхния с тиквени фиде

ИНСТРУКЦИИ

a) Измийте пилешките бутчета със студена вода и 2 супени лъжици оцет. Изцедете.

b) Сложете месото в голяма тенджера с чесъна, тиквата, сол, черен пипер и 1 литър вода.

c) Оставете да къкри 45 минути с капак.

d) Добавете нарязаните зеленчуци и разбъркайте добре.

e) Добавете ½ галон вода, покрийте и гответе за 30 минути.

f) След 15 минути добавете кнедлите в тенджерата и разбъркайте добре.

g) Добавете юфката, лука и мащерката.

h) Разбъркайте старателно, след което гответе още 10 минути.

i) Махнете капака, разбъркайте добре, поставете го отново и оставете да ври още 6 минути.

97. Пилешка яхния

Прави: 6 порции

СЪСТАВКИ

- 1½ -2 килограма пиле, нарязано на хапки
- 10 чаши вода 2 ½ литра
- 1 килограм тиква може да използва 1 маслена тиква, нарязана
- 2 ирландски картофа или сладки картофи, нарязани
- 1 Чочо нарязан
- 2 нарязани моркова
- 2 нарязани лука
- 6 стръка мащерка
- Скоч боне
- 8 плодчета пименто

ЗА КНЕДЛИТЕ И СРИНЕРИТЕ

- 2 чаши безглутеново брашно 260гр
- ½ чаша вода
- ½ чаена лъжичка розова сол

ИНСТРУКЦИИ

a) Оставете тенджера с вода да заври.

b) Добавете пилешкото месо, половината тиква или тиква и плодовете пименто.

c) Сместа се вари 30 минути с капак или докато пилето се свари и тиквата или тиквата омекнат.

d) Използвайте вилица, за да намачкате тиквата или тиквата.

e) За да направите вашите кнедли, смесете брашното и розовата сол в средна купа и след това постепенно добавете водата.

f) Комбинирайте водата и брашното, за да оформите топка тесто.

g) Вземете малко тесто и го разточете в дланта си.

h) Оформете тестото на дискове, за да направите кнедли, които обикновено се оформят.

i) Внимателно поставете всяка центрофуга и кнедли в кипящия бульон.

j) Добавете останалата тиква или тиква, лук, чочо, картофи, моркови, мащерка, домашно приготвена смес от петел и скоч.

k) Покрийте тенджерата и оставете яхнията да къкри 45 минути или докато се сгъсти.

98. Пилешки сос

Прави: 4

СЪСТАВКИ

- 2 килограма пилешки крилца и бутчета
- ½ чаша прясно изцеден сок от лайм
- 2 морков обелени и нарязани
- 2 нарязани пръчици целина
- 3 скоч хабанеро, серано или халапеньо, нарязани
- 4 дафинови листа
- 1 супена лъжица черен пипер
- 1 супена лъжица овкусена сол
- 1 супена лъжица бахар
- Сол на вкус
- 1 супена лъжица масло
- 1 глава бял или жълт лук
- 2 картофа обелени и нарязани на кубчета
- 2 супени лъжици прясна мащерка

ИНСТРУКЦИИ

a) Комбинирайте лайма, подправката, солта, черния пипер, бахара и дафиновите листа в торбичка с цип.

b) Хвърлете пилето, разбъркайте добре всичко и мариновайте за 12 до 24 часа.

c) Загрейте олиото в голяма холандска фурна на среден огън.

d) Добавете пилешките парчета и загрейте, докато покафенеят от всички страни, като запазите мaринатата.

e) Добавете лука, морковите и целината и задушете за 5 минути или докато омекнат.

f) Включете картофите и мащерката.

g) В тенджерата добавете запърженото пиле и запазената марината.

h) Напълнете тенджерата с вода, колкото да покрие пилето.

i) Оставете да заври, след това намалете котлона и оставете да къкри 45 минути или докато пилешкото месо се отдели от костите.

j) Извадете пилето, обезкостете го и след това добавете пилешкото месо обратно в тенджерата.

k) Посолява се на вкус.

l) Извадете дафиновите листа и плодовете бахар.

m) Сервирайте с сладкиши Джони, допълнителни лаймове и стар кисел.

99. С пилешко-зеленчукова яхния

Прави: 4 порции

СЪСТАВКИ

- 1 чаша Нарязан лук
- ½ чаша Нарязана целина
- ½ чаша Червени и зелени чушки, нарязани на кубчета
- ½ чаена лъжичка Сушена мащерка
- 1 чаша вода
- 2 дафинови листа
- 1 ч.л Чили на прах
- ½ чаена лъжичка къри на прах
- ¼ чаена лъжичка Смлян бахар
- 4½ чаши Пилешки бульон с ниско съдържание на натрий, обезмаслен
- ⅛ чаена лъжичка Прясно смлян черен пипер
- 1¼ паунда Половинки пилешки гърди без кожа, с кост
- ¼ чаша Бял ориз, суха мярка
- 14½ унции Черен боб, сварен, изплакнат и отцеден

ИНСТРУКЦИИ

a)Смесете олиото, целината, червените или зелените чушки и лука в голяма тенджера.

b)Гответе зеленчуците за 5 минути, като разбърквате често на силен огън.

c) Добавете водата, дафиновите листа, чилито на прах, кърито на прах, мащерката, бахара и черния пипер, докато разбърквате в бульона.

d) Оставете да заври, след като добавите пилето.

e) Оставете да къкри 25 минути, или докато пилето се свари напълно. Разбърквайте редовно.

f) Когато пилето е достатъчно охладено, за да го обработите, оставете го настрана.

g) Нарежете пилешкото месо на хапки след отстраняване на костите.

h) Добавете боба и ориза в тенджерата.

i) Гответе 15 минути или докато оризът омекне.

j) Поставете пилето обратно в тенджерата, след което оставете да къкри за 5 минути.

k) Изхвърлете дафиновите листа.

l) Сервирайте гарнирани с обезмаслено кисело мляко и наситнени червени чушки.

100.   Пиле с черен боб

Прави: 6 порции

СЪСТАВКИ
- Незалепващ спрей за готвене
- $\frac{1}{4}$ чаена лъжичка Сол
- 2 скилидки чесън, смлени
- 1 чаша Пилешки бульон
- 8 унции Доматен сос
- $\frac{1}{4}$ чаена лъжичка Пипер
- $\frac{1}{2}$ чаена лъжичка канела
- $\frac{1}{4}$ чаена лъжичка Карамфил, смлян
- 1 паунд без кожа Пилешки гърди
- 2 чаени лъжички Масло
- 1 глава лук
- $\frac{1}{4}$ чаша Лек ром
- 1 зелена чушка, почистена и нарязана на кубчета
- $\frac{1}{4}$ чаена лъжичка Сол
- тире лют червен пипер
- 16 унции Черен боб, отцеден

ИНСТРУКЦИИ
a) Напръскайте незалепващ спрей за готвене върху тиган.

b) Подправете пилето със сол и черен пипер и го задушете в тиган на среден огън за 8 до 10 минути или докато парчетата започнат да покафеняват.

c) Оставете го да изстине и след това го нарежете на тънки ивици. Заделени.

d) Разтопете маргарина в същия тиган.

e) Добавете лука и чесъна.

f) Изсипете 2 супени лъжици бульон в тиган.

g) Гответе лука за 5 до 6 минути, като разбърквате често или докато омекне.

h) В тигана добавете доматения сос, останалия бульон и рома.

i) Добавете подправките, зеления пипер и заделеното пиле. Оставете да заври.

j) Покрийте тигана и оставете да къкри за 15 минути, или докато пилето се свари и течността се сгъсти.

k) Добавете боба и загрейте още 2-3 минути.

l) Сервирайте с ориз.

ЗАКЛЮЧЕНИЕ

Яхниите са класическа комфортна храна, която се наслаждава от векове и остава любима сред мнозина. Неговият наситен и ароматен бульон, съчетан с крехко месо или зеленчуци, го прави най-доброто обилно и засищащо ястие. С безброй вариации и начини за персонализиране, яхниите са ястие, което може да се хареса на всеки. Независимо дали сте любител на месото или вегетарианец, предпочитате го плътно и обилно или с по-лек бульон, има рецепта за яхния за вас. Така че защо не опитате да направите порция яхния и да откриете защо това обичано ястие е издържало изпитанието на времето.

Ingram Content Group UK Ltd.
Milton Keynes UK
UKHW020609010623
422703UK00008B/21

9 781835 001691